Großer Körperatlas

Dr. Stefanie Zysk

mit Illustrationen von
Elke Trautmann

© Circon Verlag GmbH
Baierbrunner Straße 27, 81379 München
Ausgabe 2022
7. Auflage

Text: Dr. Stefanie Zysk
Redaktion: Jenny Bux, Anke Fischer, Lea Schmid
Produktion: Ute Hausleiter
Illustrationen: Elke Trautmann
Titelillustration: Elke Trautmann
Illustrationen Ärzte: Kathleen Richter
Gestaltung: ekh Werbeagentur GbR,
modifiziert durch Roman Bold & Black
Umschlaggestaltung: Hartmut Baier, PIXELCOLOR

ISBN 978-3-8174-9649-5
381749649/7

Besuchen Sie uns auf Instagram und Facebook: circonverlag

www.circonverlag.de

Vorwort

Hast du dir schon einmal überlegt, was dein Körper ständig leistet? Er arbeitet 24 Stunden am Tag für dich und macht nie Pause – auch nicht, wenn du schläfst. Er ist ein wahres Wunderwerk, aber kennst du ihn eigentlich so genau?

Wie sieht unser Körper von innen aus? Willst du einen Blick hineinwerfen und mehr über ihn erfahren?

Die Zellen sind die kleinsten Bausteine unseres Körpers. Sie sind mit dem bloßen Auge nicht sichtbar, doch ohne sie wäre ein Leben nicht denkbar. Sie vermehren sich, schließen sich zu Geweben zusammen und bilden die Organe.

Da gibt es unser Herz, das mehr als 100.000 Mal pro Tag schlägt. Unsere Lungen machen mehr als 20.000 Atemzüge in 24 Stunden, während unsere Nieren etwa 1500 Liter Blut filtern. Was für eine Meisterleistung! Und wir bekommen davon kaum etwas mit.

Unser Gehirn sorgt dafür, dass alles reibungslos abläuft. Als Schaltzentrale steuert es unsere Bewegungen und verarbeitet die Sinneseindrücke, die in jeder Minute auf uns einstürmen. Es ermöglicht uns zu denken, Gefühle zu haben und uns zu erinnern.

Und der Mensch beherrscht sogar Dinge, die keinem anderen Lebewesen möglich sind. Wir können sprechen. Während unsere nahen Verwandten, die Menschenaffen, nur Laute ausstoßen, beherrschen wir eine komplizierte Sprache. Dafür hat sich unser Kehlkopf über Millionen Jahre hinweg verändert und auch unser Gehirn hat sich weiterentwickelt.

Da wir im Gegensatz zu den meisten anderen Lebewesen auf zwei Beinen gehen, haben wir ein ganz besonderes Skelett. Unsere Knochen und Muskeln halten unseren Körper aufrecht. Dadurch sind unsere Hände frei und wir können mit ihnen fest zugreifen, aber auch feinste Bewegungen ausführen und Werkzeuge benutzen.

Es ist kaum zu glauben, dass sich dieser komplizierte menschliche Körper aus einer einzigen befruchteten Eizelle entwickelt. In nur 40 Schwangerschaftswochen entsteht ein neuer Mensch.

Komm mit auf eine Reise durch deinen Körper. Du wirst staunen, was es alles zu entdecken gibt, und vieles danach besser verstehen.

Viel Spaß
Dr. Stefanie Zysk

Inhaltsverzeichnis

Unser Körper – ein Wunder der Natur

Es gibt noch viel zu entdecken

Seit Jahrhunderten wird der menschliche Körper von Forschern untersucht. Inzwischen wissen wir ziemlich genau, wie er aufgebaut ist und wie die vielen verschiedenen Körperteile und Organe funktionieren. Trotzdem können wir bis heute noch nicht alles erklären, was in unserem Körper passiert.

Von Kopf bis Fuß

Der menschliche Körper wird in verschiedene Teile gegliedert. Oben ragt der Kopf mit dem Hals aus dem Rumpf. Zum Rumpf gehören Brustkorb, Bauch, Rücken und Becken. Das Becken ist der Körperabschnitt, der unterhalb des Bauchs und über den Beinen liegt. Die schmalste Stelle des Rumpfs zwischen Becken und Brustkorb wird Taille genannt. An den Seiten des Rumpfs und unten befinden sich die Gliedmaßen, nämlich die beiden Arme und Beine. In der Fachsprache heißen sie auch Extremitäten.

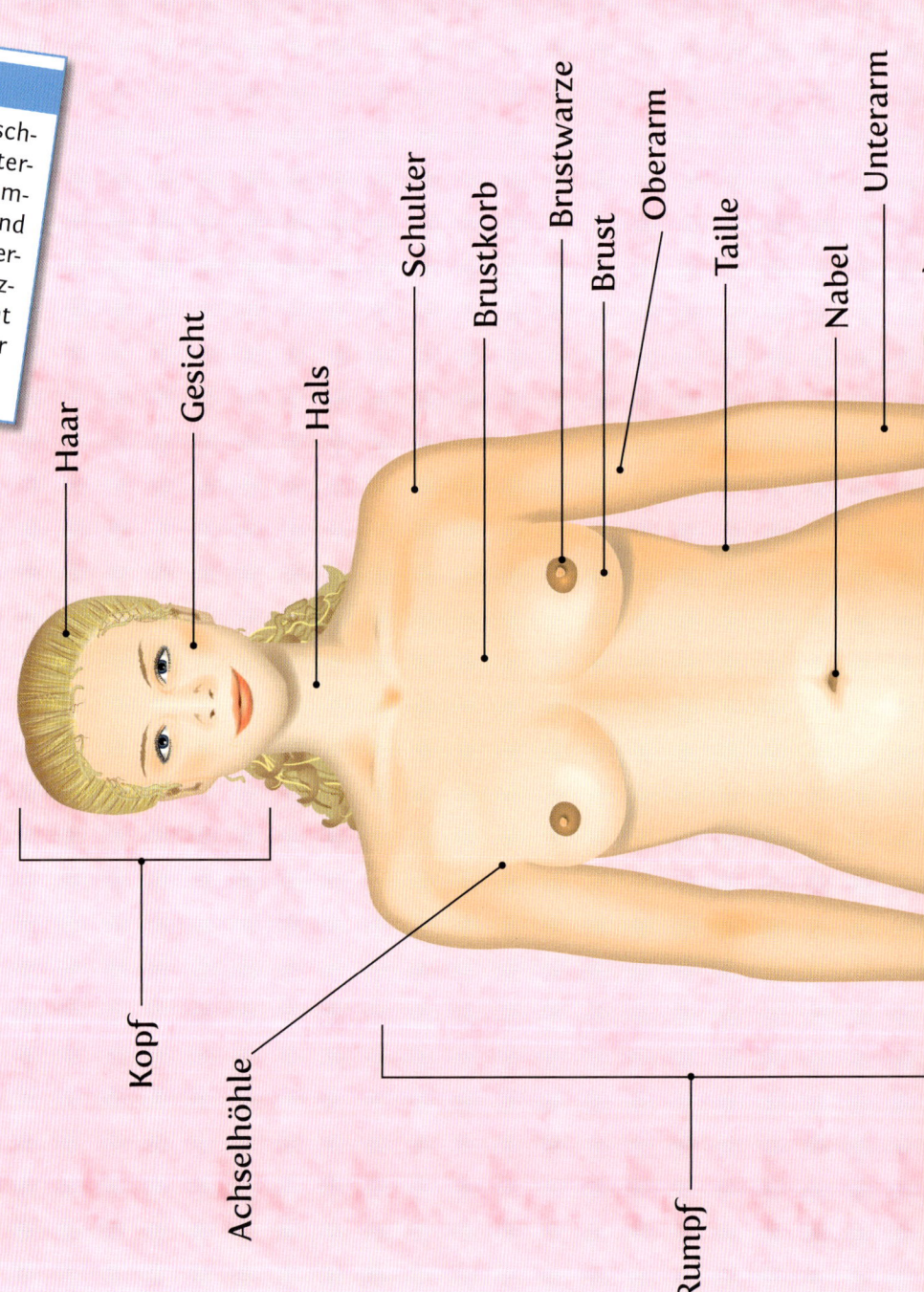

Haar
Gesicht
Hals
Schulter
Brustkorb
Brustwarze
Brust
Oberarm
Taille
Nabel
Unterarm
Kopf
Achselhöhle
Rumpf

WISSENSWERT!

Dein Körper in Zahlen

Der Körper eines jungen Menschen besteht zu etwa 70 bis 80 Prozent aus Wasser. Die normale Körpertemperatur liegt zwischen 36 und 37 Grad Celsius. Die Durchschnittsgröße des Mannes beträgt heute etwa 1,80 Meter, die Durchschnittsgröße der Frau ungefähr 1,67 Meter.

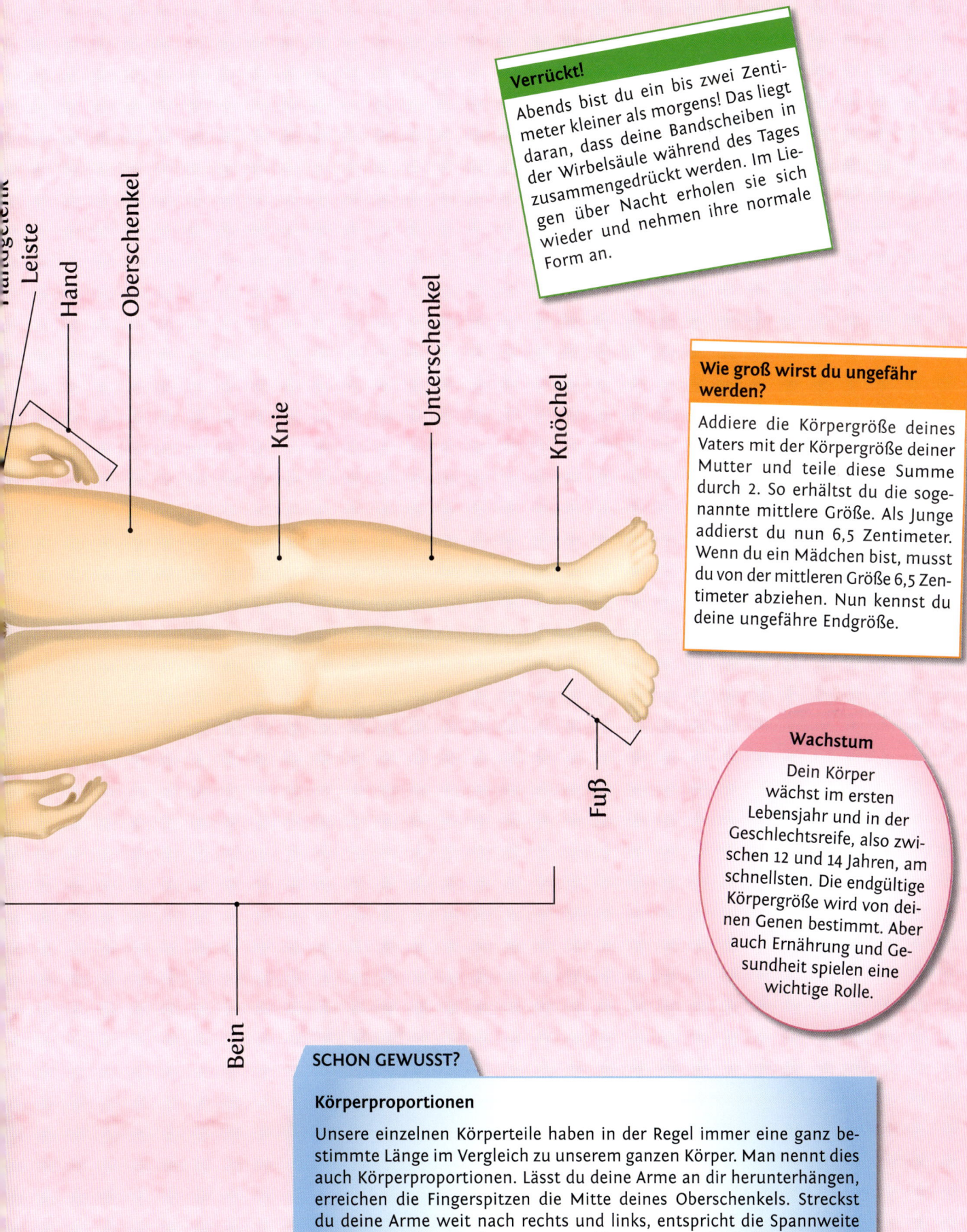

Leiste

Hand

Oberschenkel

Knie

Unterschenkel

Knöchel

Fuß

Bein

Verrückt!

Abends bist du ein bis zwei Zentimeter kleiner als morgens! Das liegt daran, dass deine Bandscheiben in der Wirbelsäule während des Tages zusammengedrückt werden. Im Liegen über Nacht erholen sie sich wieder und nehmen ihre normale Form an.

Wie groß wirst du ungefähr werden?

Addiere die Körpergröße deines Vaters mit der Körpergröße deiner Mutter und teile diese Summe durch 2. So erhältst du die sogenannte mittlere Größe. Als Junge addierst du nun 6,5 Zentimeter. Wenn du ein Mädchen bist, musst du von der mittleren Größe 6,5 Zentimeter abziehen. Nun kennst du deine ungefähre Endgröße.

Wachstum

Dein Körper wächst im ersten Lebensjahr und in der Geschlechtsreife, also zwischen 12 und 14 Jahren, am schnellsten. Die endgültige Körpergröße wird von deinen Genen bestimmt. Aber auch Ernährung und Gesundheit spielen eine wichtige Rolle.

SCHON GEWUSST?

Körperproportionen

Unsere einzelnen Körperteile haben in der Regel immer eine ganz bestimmte Länge im Vergleich zu unserem ganzen Körper. Man nennt dies auch Körperproportionen. Lässt du deine Arme an dir herunterhängen, erreichen die Fingerspitzen die Mitte deines Oberschenkels. Streckst du deine Arme weit nach rechts und links, entspricht die Spannweite von der Fingerspitze des einen Mittelfingers zur anderen deiner Körpergröße. Probiere doch selbst einmal aus, ob es bei dir auch so ist!

Und so fängt alles an

Der Beginn der Schwangerschaft

Es ist schwer vorstellbar, aber am Anfang seiner Entwicklung ist der Mensch nur ein winzig kleiner Punkt und mit dem bloßen Auge für uns gar nicht sichtbar. Alles beginnt mit der Befruchtung einer weiblichen Eizelle durch ein Spermium des Mannes. Die befruchtete Eizelle nistet sich in der Schleimhaut der Gebärmutter ein und beginnt zu wachsen. Der Embryo entwickelt sich und nach dem ersten Monat sind bereits der Kopf, der Rumpf und ein Schwanz erkennbar.

Gut gepolstert in der Fruchtblase

Das heranwachsende Kind liegt in der Fruchtblase, die mit Fruchtwasser gefüllt ist. Hier hat das Ungeborene genug Platz, um sich zu bewegen, und wird gleichzeitig vor Stößen geschützt. Während der Schwangerschaft nimmt die Menge des Fruchtwassers stetig zu. Vor der Geburt befindet sich etwa ein Liter in der Fruchtblase.

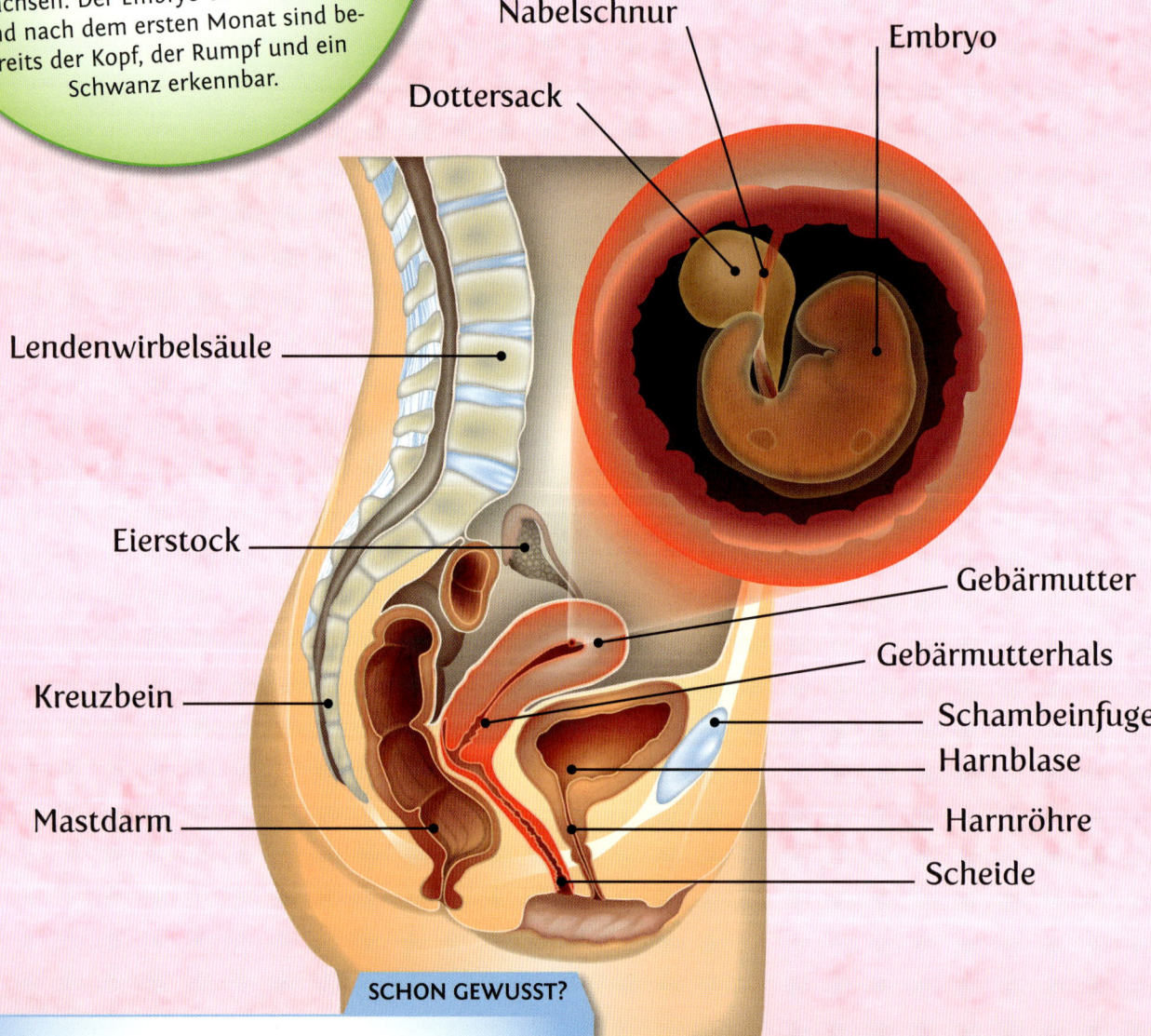

Nabelschnur

Embryo

Dottersack

Lendenwirbelsäule

Eierstock

Gebärmutter

Gebärmutterhals

Kreuzbein

Schambeinfuge

Harnblase

Mastdarm

Harnröhre

Scheide

SCHON GEWUSST?

Embryo oder Fötus?

Bis zur achten Woche wird das ungeborene Kind als Embryo bezeichnet. Ab der neunten Woche, wenn sich die inneren Organe ausgebildet haben, spricht man von einem Fötus.

Mutterkuchen und Nabelschnur

Wie das Baby, so wächst auch der Mutterkuchen, die Plazenta, in der Gebärmutter. Der Mutterkuchen versorgt das Ungeborene während der gesamten Schwangerschaft mit Nahrung und Sauerstoff aus dem Blut der Mutter. Außerdem beseitigt der Mutterkuchen Abfallprodukte aus dem Körper des Kindes. Über die gut durchblutete Nabelschnur ist das Baby mit dem Mutterkuchen und dadurch mit der Mutter verbunden.

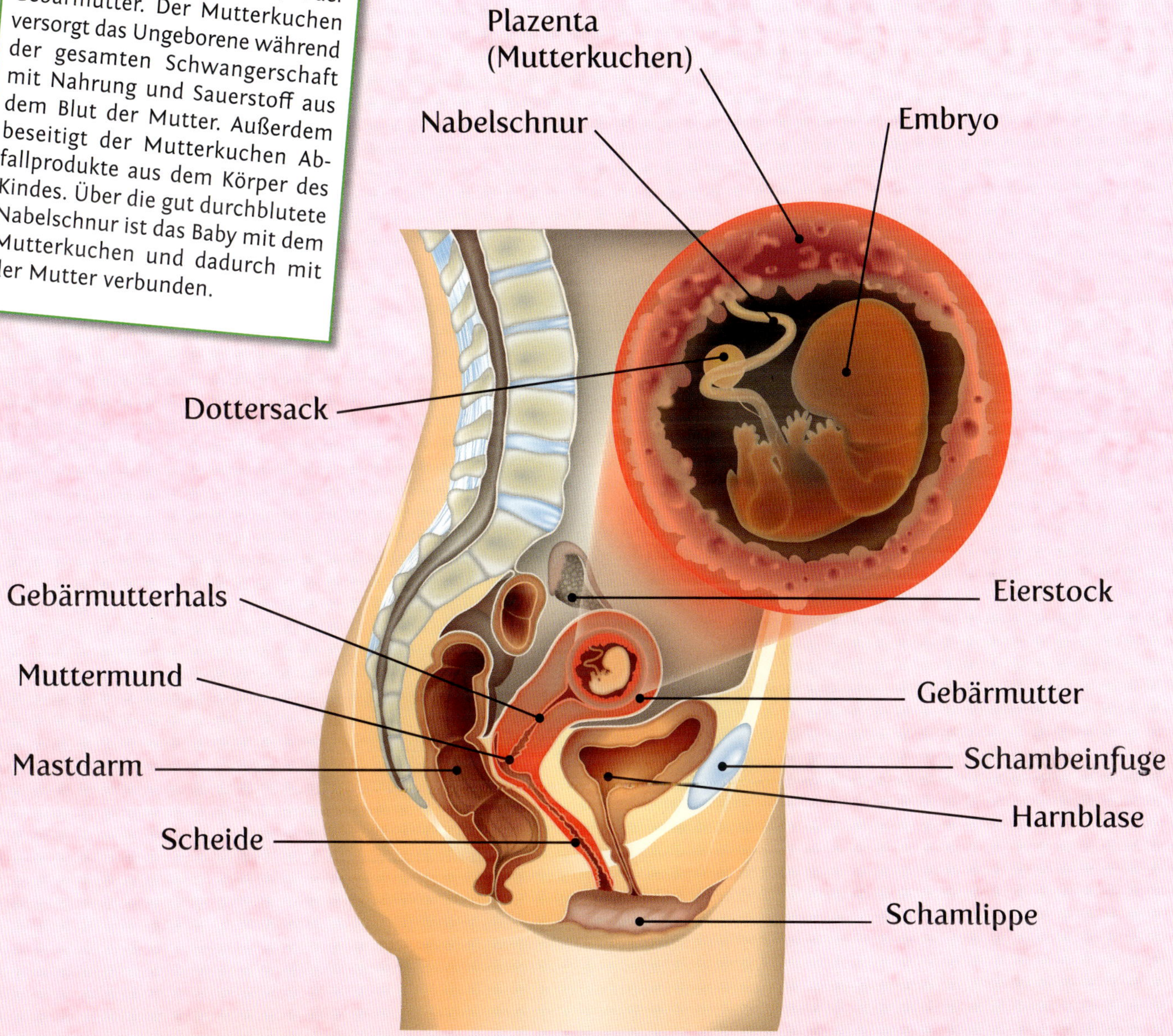

Plazenta
(Mutterkuchen)

Nabelschnur

Embryo

Dottersack

Gebärmutterhals

Muttermund

Mastdarm

Scheide

Eierstock

Gebärmutter

Schambeinfuge

Harnblase

Schamlippe

Der Embryo im zweiten Monat

Am Ende des zweiten Monats sind beim Embryo bereits Augen, Nase und Mund zu sehen. Das Herz schlägt regelmäßig mit etwa 150 Schlägen pro Minute. Arme und Beine haben sich weiterentwickelt, bald sind sogar schon Finger und Zehen zu erkennen.

WISSENSWERT!

Ultraschalluntersuchung

Während der gesamten Schwangerschaft wird die Entwicklung des Kindes vom Arzt überwacht. Hierfür werden in regelmäßigen Abständen Ultraschalluntersuchungen durchgeführt. Dies ist eine schonende Methode, die sehr genaue Bilder vom Kind im Bauch der Mutter liefert.

Ein Baby wächst heran

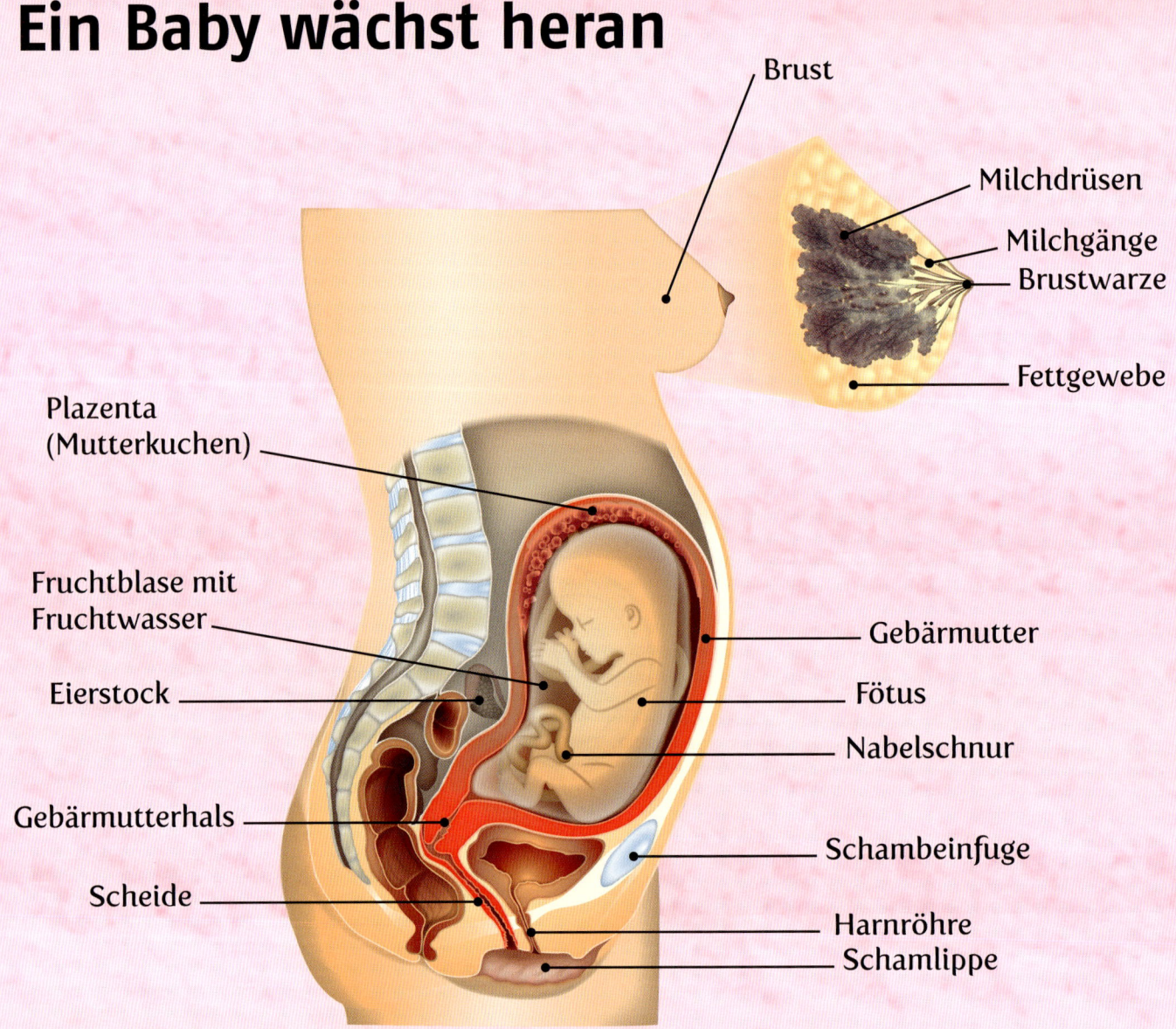

Brust

Milchdrüsen

Milchgänge
Brustwarze

Fettgewebe

Plazenta
(Mutterkuchen)

Fruchtblase mit
Fruchtwasser

Eierstock

Gebärmutterhals

Scheide

Gebärmutter

Fötus

Nabelschnur

Schambeinfuge

Harnröhre
Schamlippe

Der Fötus im fünften Monat

Im fünften Monat sieht der Fötus schon aus wie ein richtiges Baby, nur viel kleiner. Er ist jetzt ungefähr 20 Zentimeter groß. Das Ungeborene nimmt bereits Geräusche aus seiner Umwelt wahr, wie zum Beispiel die Stimme der Mutter oder Musik. Die meiste Zeit schläft das Kind, doch wenn es wach wird, strampelt es kräftig und tritt hin und wieder heftig gegen die Bauchwand. Diese Kindsbewegungen kann die Mutter deutlich spüren.

Verrückt!

Die Haut des Babys ist im fünften Monat mit einem weichen Haarflaum überzogen. Man nennt diesen auch Lanugohaare. Wahrscheinlich sind sie noch ein Überbleibsel von unseren affenähnlichen Vorfahren. Bis zur Geburt gehen diese Haare allerdings alle wieder verloren.

Woher kommt die Milch?

Während der Schwangerschaft wächst die Brust der Mutter. Die Milchdrüsen vergrößern sich und stellen sich auf die Milchproduktion nach der Geburt ein. Von den Milchdrüsen führen kleine Kanäle zur Brustwarze. Die erste Milch nach der Geburt ist gelb und dickflüssig. Sie enthält besonders viele Abwehrstoffe. Sie wird auch Kolostrum genannt. Einige Tage nach der Geburt stellen die Drüsen dann die normale Muttermilch her. Sie enthält alle Stoffe, die für ein Neugeborenes wichtig sind.

SCHON GEWUSST?

Käseschmiere

Das Kind ist im Bauch der Mutter mit einer weißen, klebrigen Schmiere überzogen. Man nennt sie auch Käseschmiere. Sie schützt die Haut des Kindes im Fruchtwasser. Bei der Geburt ist die Käseschmiere noch auf der Haut des Kindes zu sehen.

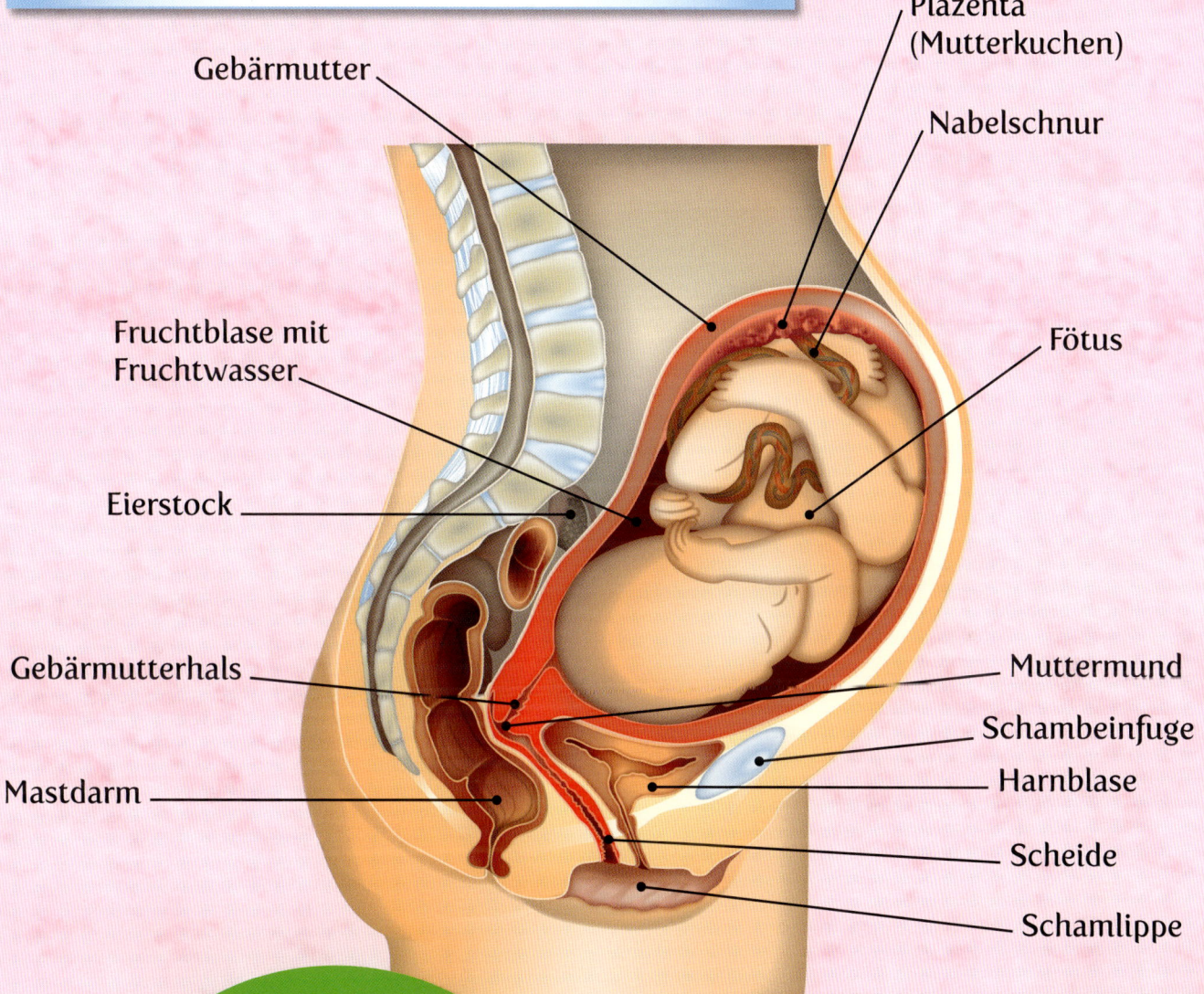

Gebärmutter

Plazenta (Mutterkuchen)

Nabelschnur

Fruchtblase mit Fruchtwasser

Fötus

Eierstock

Gebärmutterhals

Muttermund

Schambeinfuge

Mastdarm

Harnblase

Scheide

Schamlippe

Der Schwangerschaftsbauch

Der Körper der Mutter verändert sich jetzt zusehends. Der Bauch wächst und wächst. Die Gebärmutter mit dem Fötus ist jetzt schon so groß wie ein Fußball. Dadurch werden die anderen Organe im Rumpf der Mutter wie Lunge und Darm zur Seite gedrängt. Für die Schwangere ist jetzt alles viel anstrengender und sie kommt schneller außer Atem. Da die Gebärmutter auf die Blase drückt, muss die werdende Mutter viel häufiger zur Toilette laufen.

WISSENSWERT

Frühgeborene und Reifgeborene

Nach 37 Wochen im Mutterleib sind Babys fertig entwickelt. Man nennt sie Reifgeborene. Manchmal kommen Kinder allerdings schon vorher auf die Welt. Dann sind sie noch unreif und haben oft Probleme beim Atmen, weil ihre Lungen nicht voll ausgereift sind. Man nennt diese Babys Frühgeborene.

Der Beginn des Lebens

Die Geburt – ein Kind kommt auf die Welt

Am Ende der Schwangerschaft liegt das Kind normalerweise mit dem Kopf nach unten. Es ist nun bereit für das Leben außerhalb des Mutterleibs. Bei der Geburt ziehen sich die Muskeln der Gebärmutter zusammen, die sogenannten Wehen setzen ein. Der Muttermund öffnet sich und das Kind wird durch das Becken und die Scheide herausgepresst. Dabei platzt auch die Fruchtblase. Am Ende der Geburt folgt der Mutterkuchen, die Plazenta. Man nennt dies Nachgeburt.

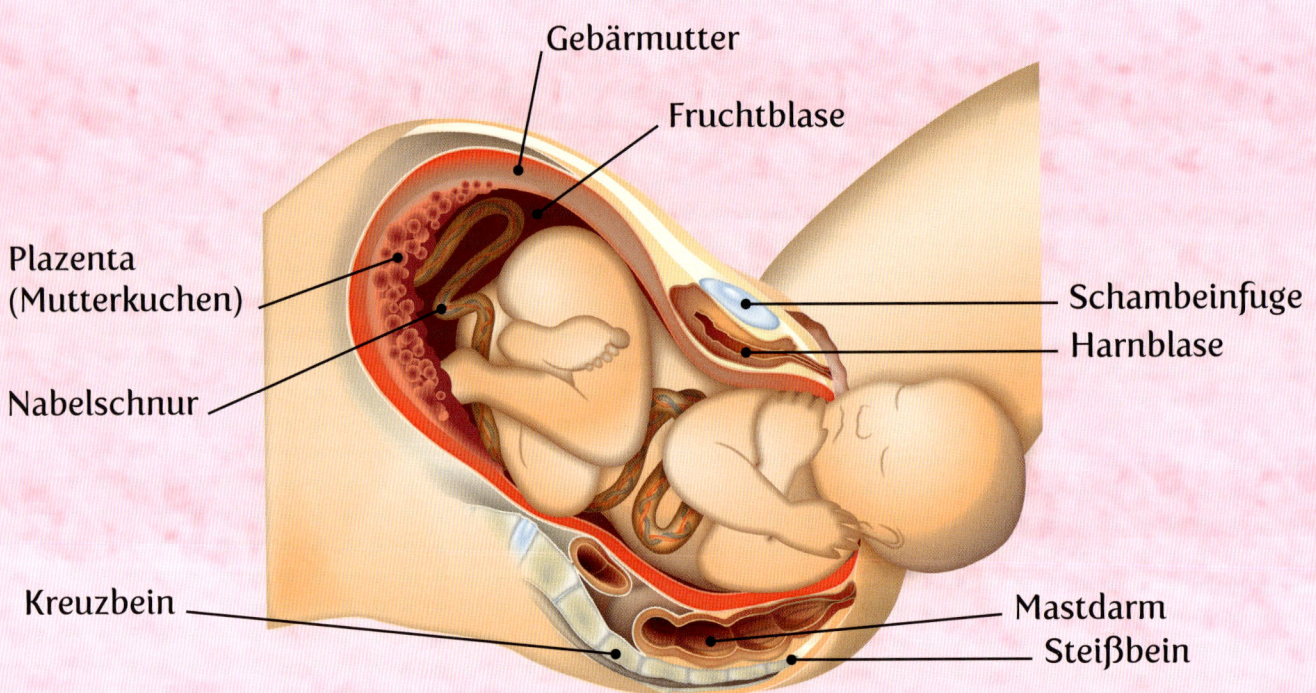

Gebärmutter

Fruchtblase

Plazenta (Mutterkuchen)

Schambeinfuge

Harnblase

Nabelschnur

Kreuzbein

Mastdarm

Steißbein

SCHON GEWUSST?

Bei der Geburt wiegt ein Kind normalerweise um die 3,5 Kilogramm und ist etwa 50 Zentimeter lang. Sofort, wenn das Baby geboren ist, macht es seine ersten Atemzüge und die Lunge entfaltet sich. Es dreht den Kopf hin und her und sucht die Brustwarze der Mutter, um zu trinken.

Kaiserschnitt

Nicht alle Kinder drehen sich vor der Geburt und liegen kopfüber im Bauch. Dann kann eine normale Geburt schwierig werden. Um Mutter und Kind nicht zu gefährden, wird deshalb manchmal ein Kaiserschnitt gemacht. Dabei wird das Baby durch eine Operation aus dem Bauch der Mutter geholt.

Die Bausteine des Lebens

Die Zelle – kleinster Baustein unseres Körpers

Die kleinsten lebenden Bausteine unseres Körpers sind die Zellen. Sie sind so winzig, dass wir sie nur unter einem Mikroskop sehen können. Da ständig alte Zellen absterben, werden ununterbrochen neue gebildet. Jede Zelle außer den roten Blutkörperchen besitzt einen Zellkern, der die Chromosomen enthält. Auf diesen sind sämtliche Erbinformationen gespeichert. Die äußere Hülle der Zelle ist die Zellmembran. Sie umgibt das Zytoplasma. In dieser zähen Flüssigkeit schwimmen die verschiedenen Zellorganellen, die viele wichtige Aufgaben erfüllen.

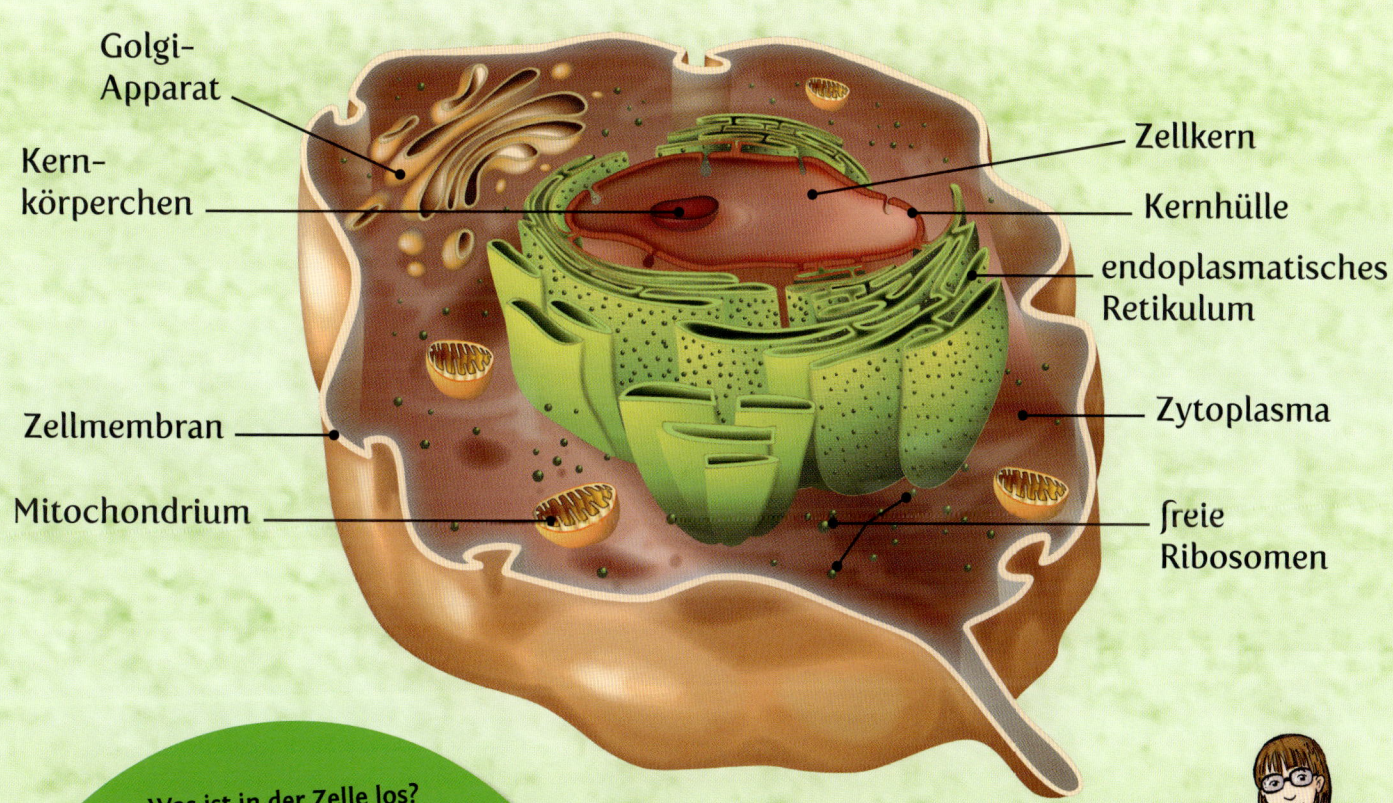

Golgi-Apparat

Kern-körperchen

Zellmembran

Mitochondrium

Zellkern

Kernhülle

endoplasmatisches Retikulum

Zytoplasma

freie Ribosomen

Was ist in der Zelle los?

Die Zellorganellen sind für den Stoffwechsel in der Zelle verantwortlich. Sie haben sehr komplizierte Namen. Da gibt es die Mitochondrien, die auch „Kraftwerke" genannt werden. Sie sind die Energielieferanten der Zelle. Das raue endoplasmatische Retikulum ist mit Ribosomen besetzt. Es bildet und verändert Eiweiße. Das glatte endoplasmatische Retikulum ist dagegen frei von Ribosomen. Es ist an der Herstellung von Fetten und bestimmten Hormonen beteiligt. Der Golgi-Apparat verpackt Stoffe in kleine Bläschen, um sie dann aus der Zelle hinauszutransportieren.

WISSENSWERT!

Unser Körper besteht aus mehr als 100 Billionen Zellen. Es gibt ungefähr 200 verschiedene Zellarten, zum Beispiel Nervenzellen, Fettzellen, Muskelzellen, Eizellen, Spermien und so weiter.

Was wir von unseren Eltern erben

Unsere Erbanlagen

Im Zellkern jeder Körperzelle befinden sich die Chromosomen. Hier sind unsere kompletten Erbanlagen mit allen Informationen, zum Beispiel zu Geschlecht, Haarfarbe, Augenfarbe, Blutgruppe und so weiter verschlüsselt. Die Erbanlangen, auch Gene genannt, erbt jeder Mensch von seinen Eltern. Die eine Hälfte der Gene stammt von der Mutter, die andere vom Vater.

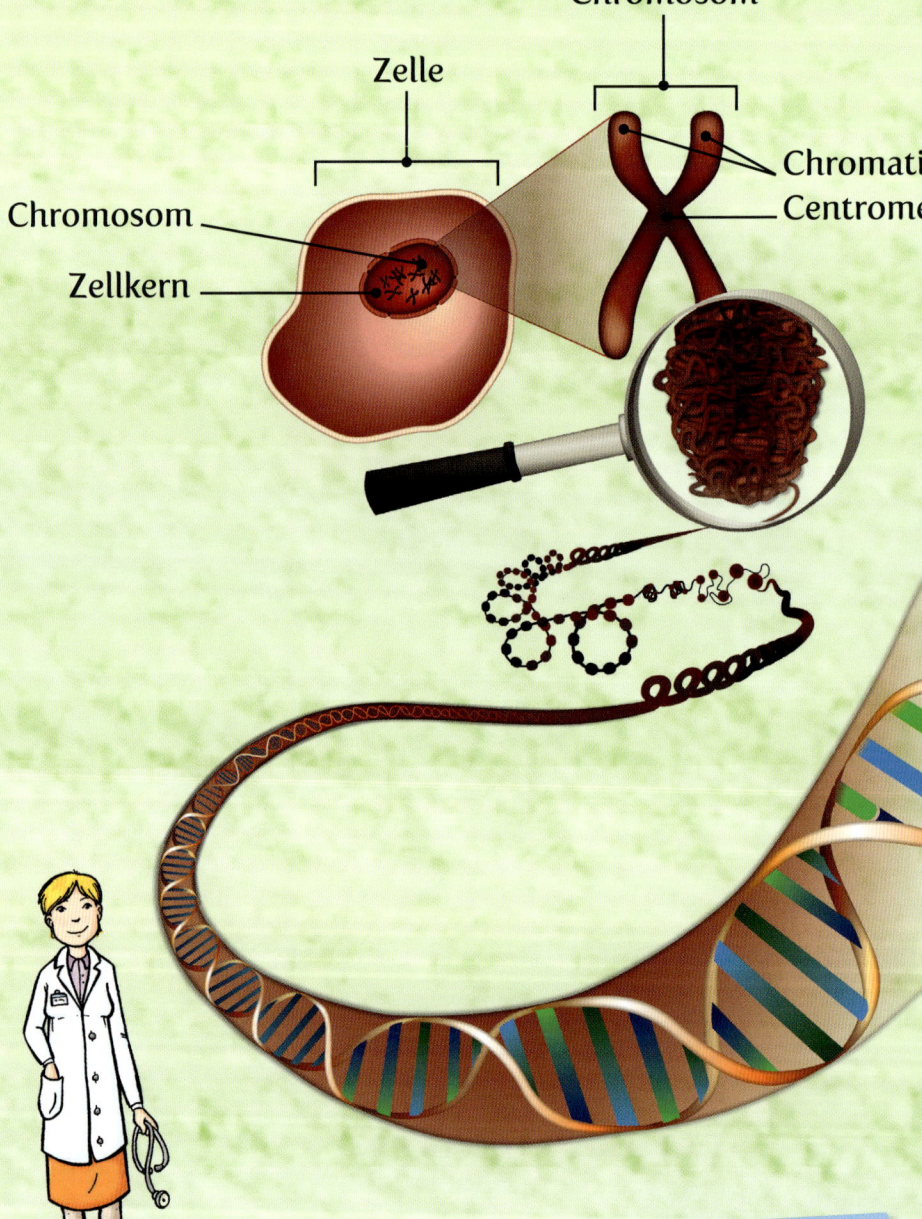

Zelle

Chromosom

Chromosom

Zellkern

Chromatid

Centromer

WISSENSWERT

Wie ähnlich sind sich Zwillinge?

Eineiige Zwillinge besitzen haargenau dasselbe Erbgut. Sie sehen sich deshalb zum Verwechseln ähnlich. Trotzdem können sie einen sehr unterschiedlichen Charakter haben. Das liegt daran, dass neben unseren Genen auch unsere Umwelt einen großen Einfluss auf unser Leben nimmt. Zweieiige Zwillinge sind zwar auch am selben Tag geboren, haben aber ein unterschiedliches Erbgut. Sie ähneln sich nur so sehr wie andere Geschwister auch.

SCHON GEWUSST?

Das X und das Y

Fast jede Körperzelle enthält in ihrem Kern 23 Chromosomenpaare, also insgesamt 46 Chromosomen. Eines der Chromosomenpaare bestimmt das Geschlecht eines Menschen. Weil die beiden Geschlechtschromosomen so ähnlich aussehen wie Buchstaben, nennt man sie auch X-Chromosom und Y-Chromosom. Eine Frau besitzt das Chromosomenpaar XX, ein Mann XY.

Wie sieht ein Chromosom aus?

Ein Chromosom ist aus zwei Teilen, den sogenannten Chromatiden, aufgebaut. Sie hängen nur an einer Stelle, dem Centromer, zusammen. Die Chromatiden bestehen aus dem DNS-Doppelstrang und vielen Eiweißstoffen. Damit die DNS der Chromosomen in den winzigen Zellkern hineinpasst, ist sie in sich mehrfach verdreht und damit so klein wie möglich verpackt.

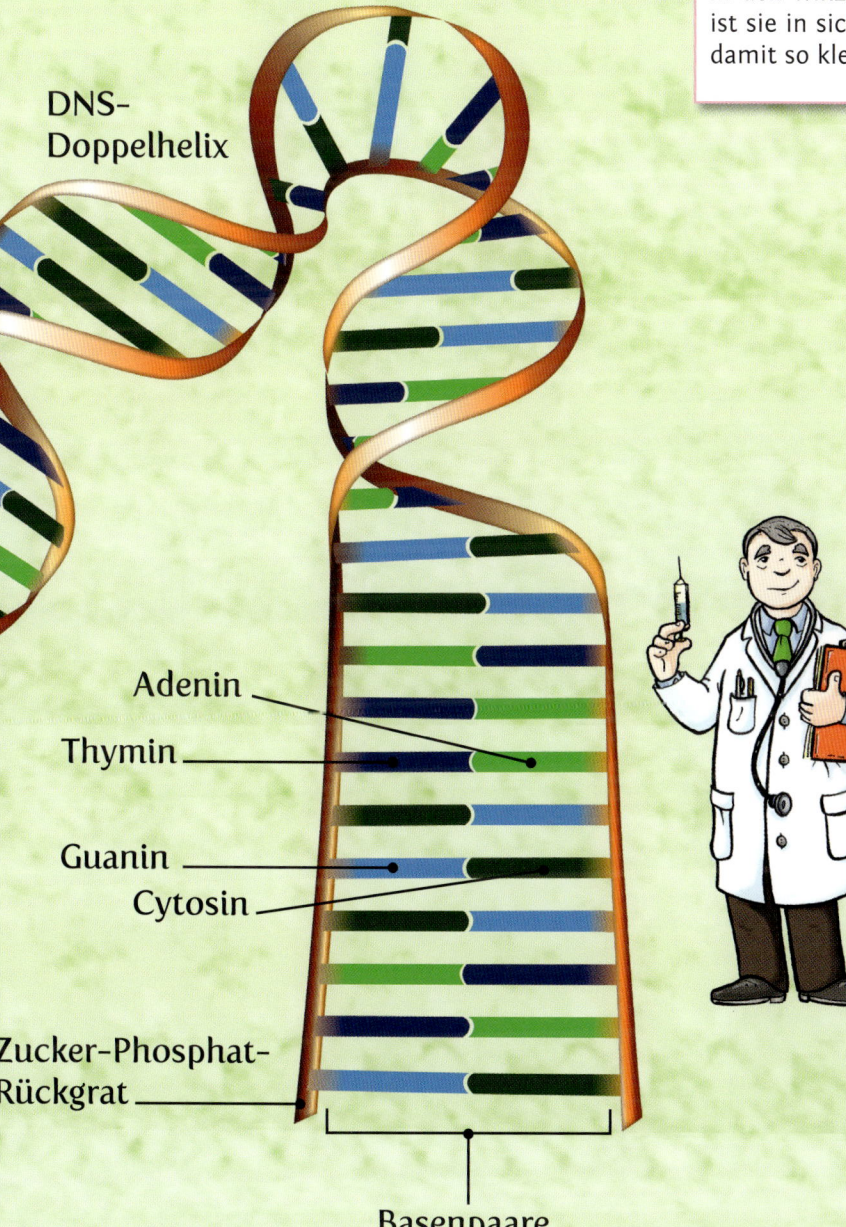

DNS-Doppelhelix

Adenin

Thymin

Guanin

Cytosin

Zucker-Phosphat-Rückgrat

Basenpaare

Was ist die DNS?

DNS ist die Abkürzung für das schwierige Wort Desoxyribonucleinsäure. Die DNS besteht aus zwei Strängen, die einer verdrehten Leiter ähneln. Wegen Ihres spiralförmigen Aussehens wird sie auch Doppelhelix genannt. An den Außenseiten befindet sich das Rückgrat aus Zucker und Phosphaten. In der Mitte sind die „Sprossen" der Leiter, die sich aus zwei Basenpaaren zusammensetzen. Hier bilden immer die Basen Adenin und Thymin oder Guanin und Cytosin ein Paar. In der Anordnung der Basenpaare ist die genetische Information verschlüsselt.

Ein Gerüst aus Knochen

Der Schädelknochen

Der Schädel sitzt auf dem obersten Wirbel unserer Wirbelsäule, dem Atlas. Er ist innen hohl und schützt unser Gehirn und unsere Sinnesorgane wie Augen, Ohren, Nase und Zunge. Der Schädel besteht aus mehreren Einzelknochen, die bei einem Erwachsenen fest miteinander verwachsen sind. Nur der Unterkiefer ist beweglich.

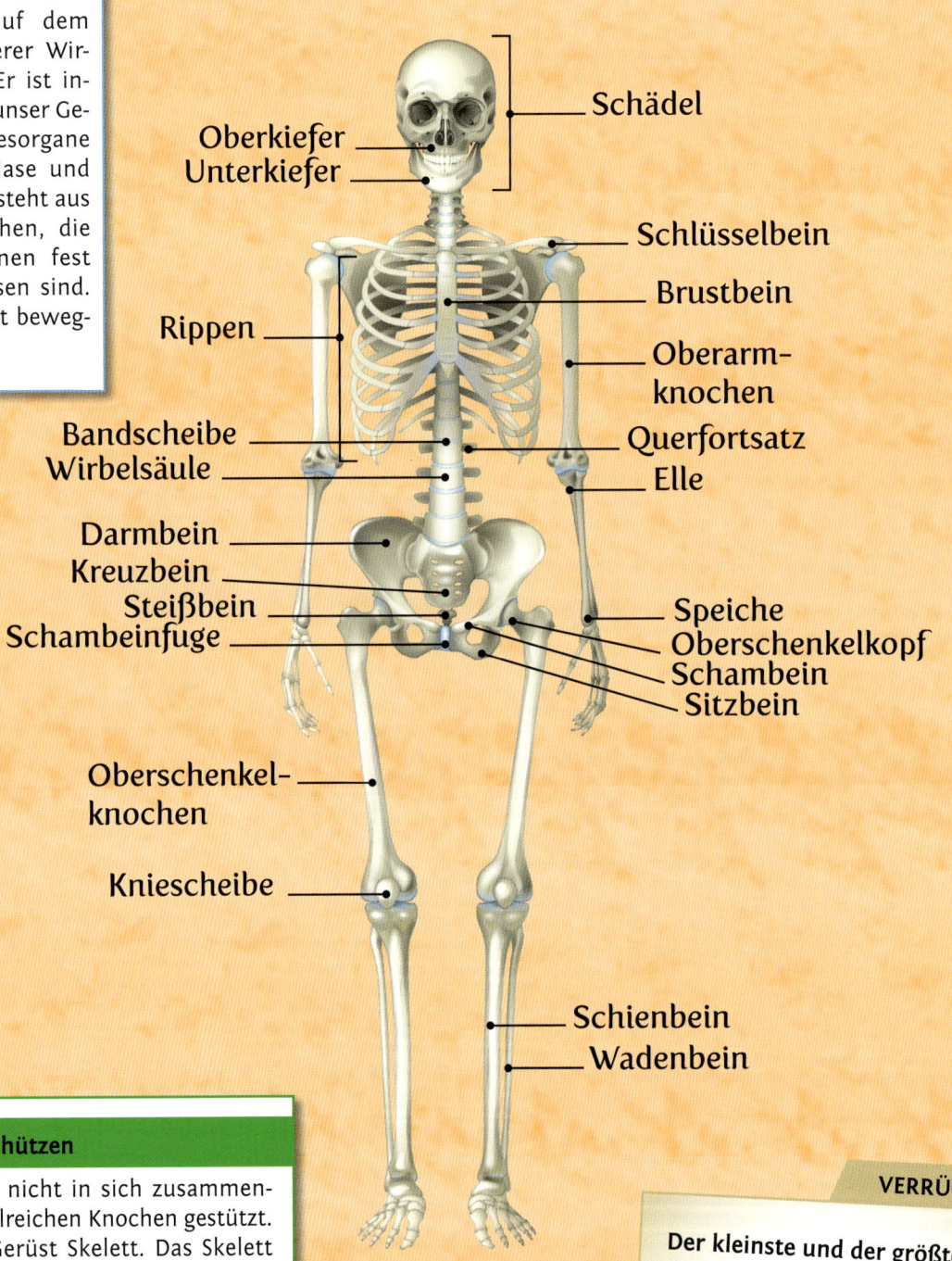

Oberkiefer
Unterkiefer
Schädel
Schlüsselbein
Brustbein
Oberarmknochen
Rippen
Bandscheibe
Wirbelsäule
Querfortsatz
Elle
Darmbein
Kreuzbein
Steißbein
Schambeinfuge
Speiche
Oberschenkelkopf
Schambein
Sitzbein
Oberschenkelknochen
Kniescheibe
Schienbein
Wadenbein

Tragen, bewegen, schützen

Damit unser Körper nicht in sich zusammenfällt, wird er von zahlreichen Knochen gestützt. Man nennt dieses Gerüst Skelett. Das Skelett eines Erwachsenen besteht aus etwa 206 verschiedenen Knochen. Die Knochen tragen den Körper und bewegen ihn zusammen mit den Muskeln. Sie sind durch Gelenke miteinander verbunden. Ihnen verdanken wir unsere Beweglichkeit. Außerdem umschließen und schützen die Knochen wichtige Organe. Jeder Knochen im Körper erfüllt bestimmte Aufgaben.

VERRÜCKT!

Der kleinste und der größte Knochen

Der kleinste Knochen unseres Körpers befindet sich im Innenohr. Er heißt Steigbügel und ist nur drei Millimeter lang. Der größte und stärkste Knochen ist der Oberschenkelknochen.

Das Becken

Das Becken bildet eine Art Ring und schützt den Darm, die Blase und die Geschlechtsorgane. Es besteht aus Darmbein, Sitzbein, Schambein und Kreuzbein. Das Becken verbindet die Wirbelsäule mit den unteren Extremitäten.

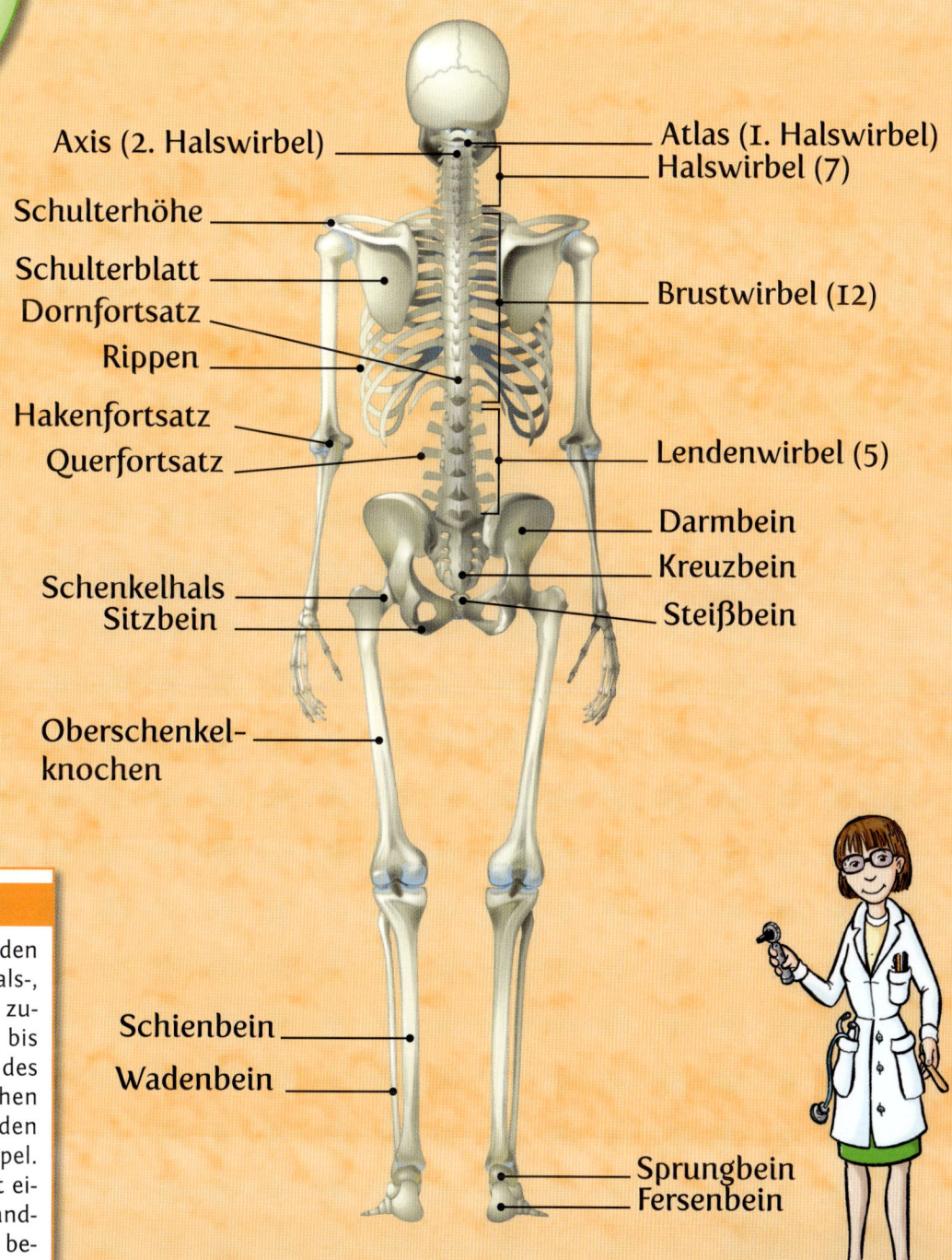

Axis (2. Halswirbel)

Schulterhöhe

Schulterblatt

Dornfortsatz

Rippen

Hakenfortsatz

Querfortsatz

Schenkelhals

Sitzbein

Oberschenkelknochen

Schienbein

Wadenbein

Atlas (I. Halswirbel)

Halswirbel (7)

Brustwirbel (I2)

Lendenwirbel (5)

Darmbein

Kreuzbein

Steißbein

Sprungbein

Fersenbein

Die Wirbelsäule

Die Wirbelsäule setzt sich aus den beweglichen Wirbeln der Hals-, Brust- und Lendenwirbelsäule zusammen sowie aus den acht bis zehn verwachsenen Wirbeln des Kreuz- und Steißbeins. Zwischen den einzelnen Wirbeln befinden sich die Bandscheiben aus Knorpel. Sie haben einen festen Ring mit einem weichen Kern. Durch die Bandscheiben ist unsere Wirbelsäule beweglich. Außerdem puffern sie Stöße beim Gehen und Springen ab. Hinten in unserer Wirbelsäule verläuft gut geschützt das empfindliche Rückenmark, die Verlängerung unseres Gehirns.

SCHON GEWUSST?

Das Steißbein ist ein Überbleibsel des Schwanzes, den unsere Vorfahren hatten. Im Laufe der menschlichen Entwicklung sind nach vielen Millionen Jahren heute nur noch drei bis fünf kleine Knöchelchen übrig geblieben.

Die Knochen genau angeschaut

Der Röhrenknochen

Unser Oberschenkelknochen ist ein Röhrenknochen. Er besteht aus einem langen Schaft und verdickten Knochenenden am oberen und unteren Ende. Der Knochen wird von der Knochenhaut umhüllt. Hier verlaufen Blutgefäße und Nerven. Die äußere, kompakte Knochenschicht ist hart und gibt dem Knochen seine Festigkeit. Die innere Knochenschicht ist schwammartig, damit der Knochen nicht zu schwer wird. Man nennt sie Spongiosa und sie enthält das Knochenmark.

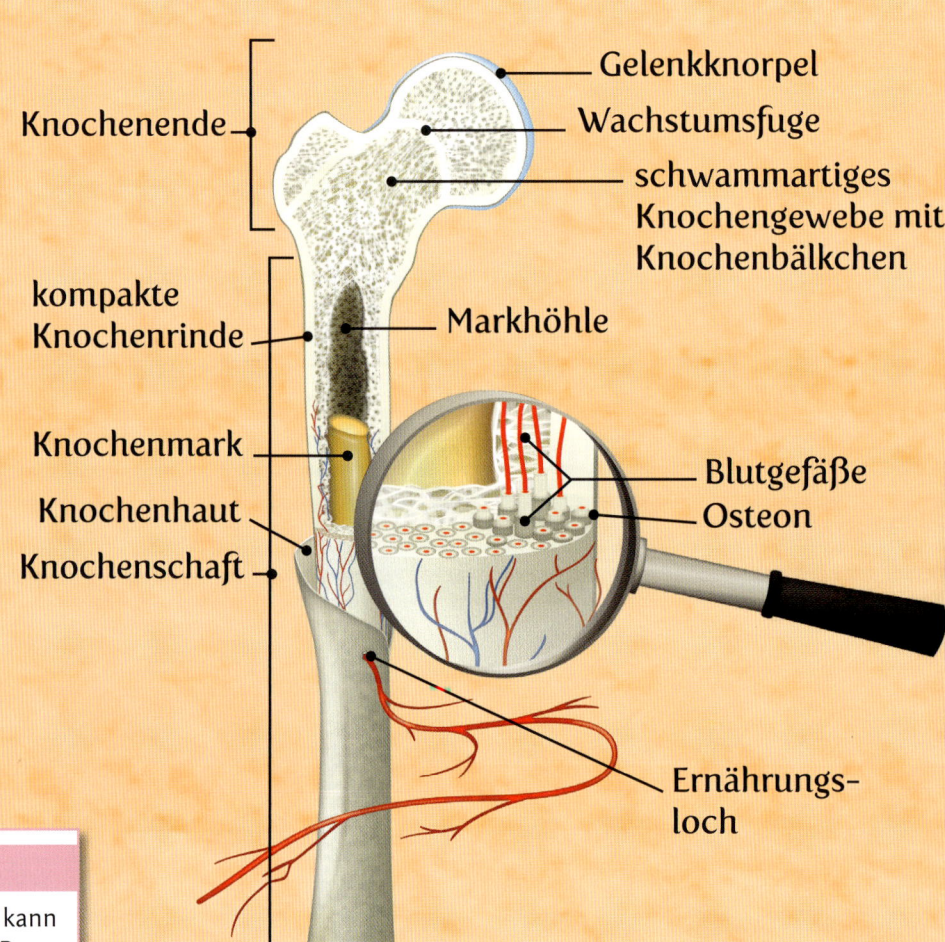

Knochenende

Gelenkknorpel

Wachstumsfuge

schwammartiges Knochengewebe mit Knochenbälkchen

kompakte Knochenrinde

Markhöhle

Knochenmark

Knochenhaut

Knochenschaft

Blutgefäße

Osteon

Ernährungsloch

Oje, ein Knochenbruch!

Obwohl unsere Knochen so hart sind, kann es bei Stürzen zu Brüchen kommen. Dann müssen die verschobenen Knochenenden wieder richtig eingerichtet und ruhiggestellt werden, zum Beispiel mit einem Gips. Zum Glück bildet sich an der Bruchstelle wieder neuer Knochen, und nach einigen Wochen bis Monaten ist alles wieder verheilt.

SCHON GEWUSST?

Was sind Osteonen?

In der festen Außenschicht des Knochens befinden sich Millionen winziger Osteonen. In ihrem Inneren verläuft ein kleiner Kanal mit Blutgefäßen und Nerven. Dieser wird von ringförmigen Knochenblättchen, den Knochenlamellen, umgeben. Die Osteonen liegen eng aneinander und machen unsere Knochen so belastbar.

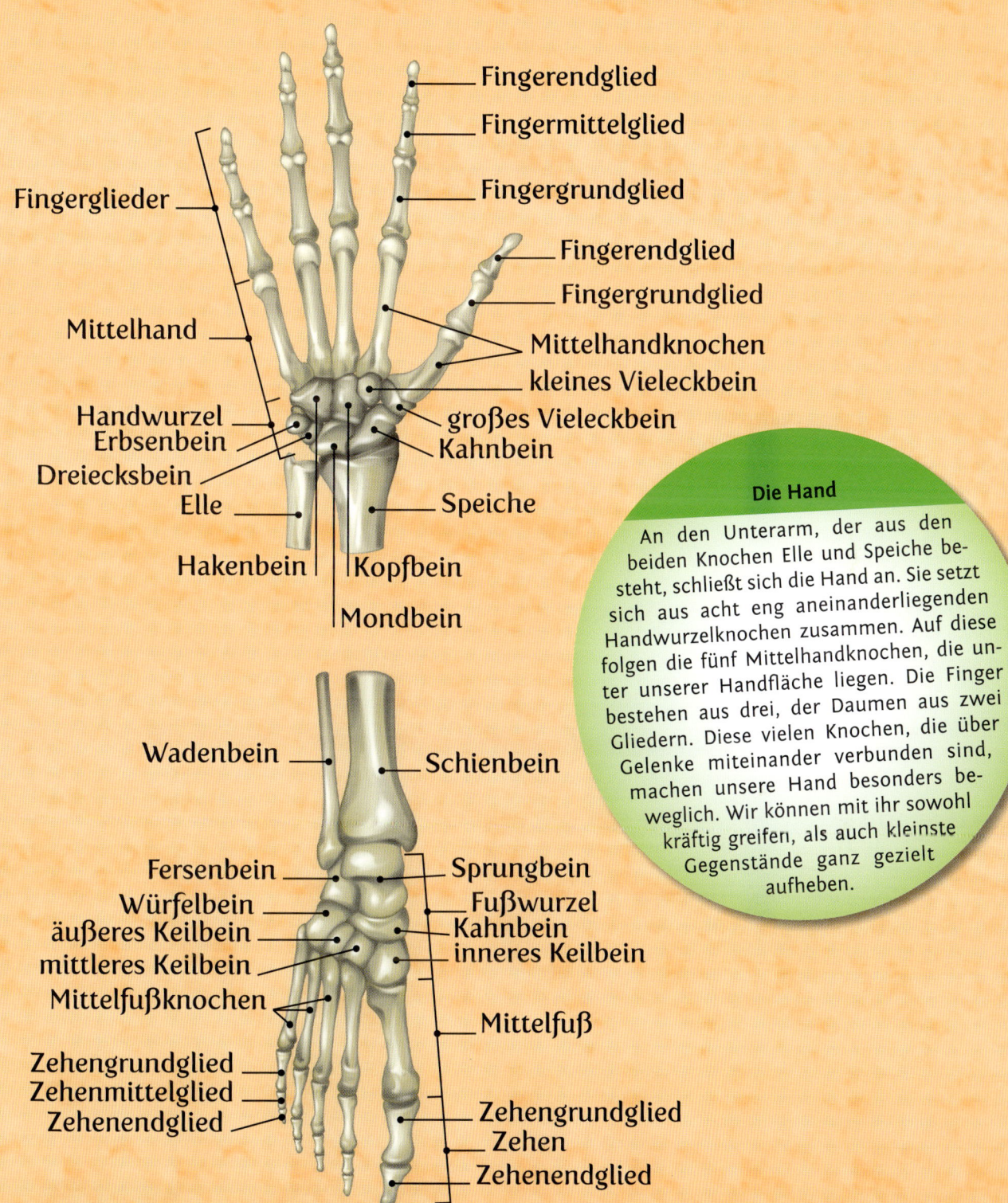

Fingerendglied

Fingermittelglied

Fingergrundglied

Fingerglieder

Fingerendglied

Fingergrundglied

Mittelhand

Mittelhandknochen

kleines Vieleckbein

großes Vieleckbein

Handwurzel

Erbsenbein

Kahnbein

Dreiecksbein

Elle

Speiche

Hakenbein   Kopfbein

Mondbein

Die Hand

An den Unterarm, der aus den beiden Knochen Elle und Speiche besteht, schließt sich die Hand an. Sie setzt sich aus acht eng aneinanderliegenden Handwurzelknochen zusammen. Auf diese folgen die fünf Mittelhandknochen, die unter unserer Handfläche liegen. Die Finger bestehen aus drei, der Daumen aus zwei Gliedern. Diese vielen Knochen, die über Gelenke miteinander verbunden sind, machen unsere Hand besonders beweglich. Wir können mit ihr sowohl kräftig greifen, als auch kleinste Gegenstände ganz gezielt aufheben.

Wadenbein

Schienbein

Fersenbein

Sprungbein

Würfelbein

Fußwurzel

äußeres Keilbein

Kahnbein

mittleres Keilbein

inneres Keilbein

Mittelfußknochen

Mittelfuß

Zehengrundglied

Zehenmittelglied

Zehenendglied

Zehengrundglied

Zehen

Zehenendglied

Der Fuß

Auf das Schien- und Wadenbein des Unterschenkels folgt der Fuß mit seinen sieben Fußwurzelknochen, den fünf Mittelfußknochen und den Zehengliedern. Während unsere affenähnlichen Vorfahren mit ihren Füßen noch geschickt greifen konnten, hat sich der menschliche Fuß in den letzten Millionen Jahren deutlich verändert. Durch den aufrechten Gang tragen unsere beiden Füße jetzt nämlich das gesamte Körpergewicht. Das ist eine enorme Leistung. Wir können gehen, rennen, hüpfen und uns auf die Zehenspitzen stellen, ohne dabei umzufallen.

Ganz schön gelenkig!

Was ist ein Gelenk?

Unser Skelett ist sehr beweglich. Das liegt daran, dass unsere Knochen durch Gelenke miteinander verbunden sind. Damit die Knochenenden nicht direkt aufeinandertreffen, sind sie mit einer schützenden Knorpelschicht überzogen. Zwischen den Knochen liegt der Gelenkspalt. Hier befindet sich eine zähe Flüssigkeit, die bei jeder Bewegung als Gleitmittel dient. Außen sind die Gelenke von einer straffen Kapsel umgeben und werden durch Bänder zusätzlich verstärkt.

Kugelgelenk

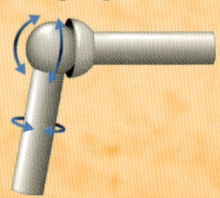

Schulter

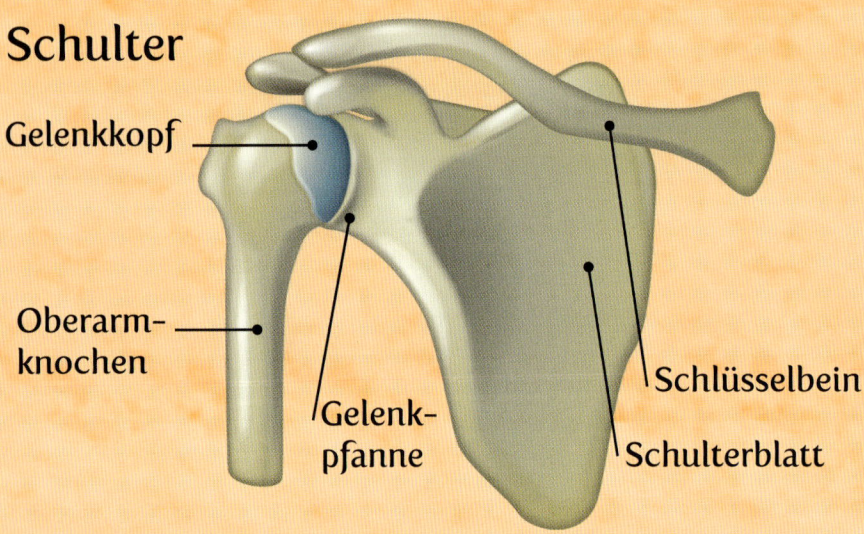

Gelenkkopf

Oberarm-knochen

Gelenk-pfanne

Schlüsselbein

Schulterblatt

Das Kugelgelenk

Das Kugelgelenk besteht aus einem runden Gelenkkopf, der in einer passenden Pfanne sitzt. Das Schultergelenk und das Hüftgelenk sind Kugelgelenke. Hier sind Bewegungen in drei Richtungen möglich.

Scharniergelenk

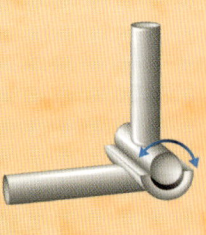

Ellbogen

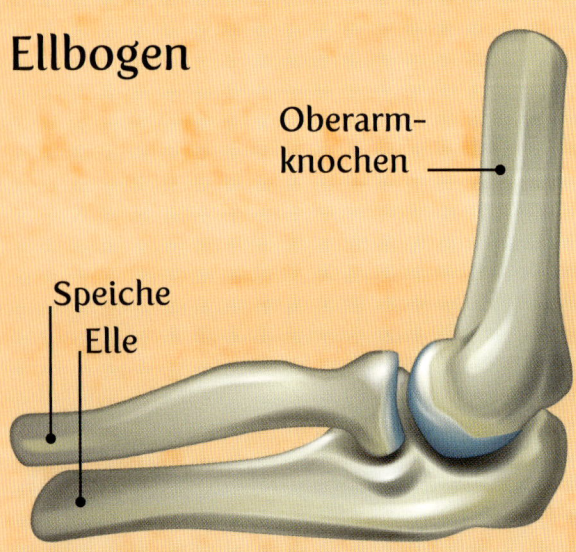

Oberarm-knochen

Speiche

Elle

Das Scharniergelenk

Das Ellenbogengelenk ist ein Scharniergelenk. Es ist einachsig und erinnert – wie der Name schon sagt – an das Scharnier einer Tür. Du kannst deinen Arm hier nur beugen und strecken.

WISSENSWERT!

Gelenktypen

Die meisten Gelenke in unserem Körper sind frei beweglich. Sie heißen echte Gelenke. Je nach Form des Gelenks sind Bewegungen in bestimmte Richtungen möglich. Zu den verschiedenen Gelenktypen gehören zum Beispiel Kugelgelenk, Eigelenk, Sattelgelenk, Scharniergelenk und Drehgelenk.

Was ist Arthrose?

Auf deutsch bedeutet Arthrose so viel wie Gelenkverschleiß. Je älter wir werden, umso mehr werden die Knorpel in unseren Gelenken abgenutzt. Die Knochen beginnen, aufeinanderzureiben und sich zu verändern. Dies führt bei Bewegungen zu starken Schmerzen. Manchmal müssen abgenutzte Gelenke deshalb durch künstliche ersetzt werden.

Daumenwurzelgelenk

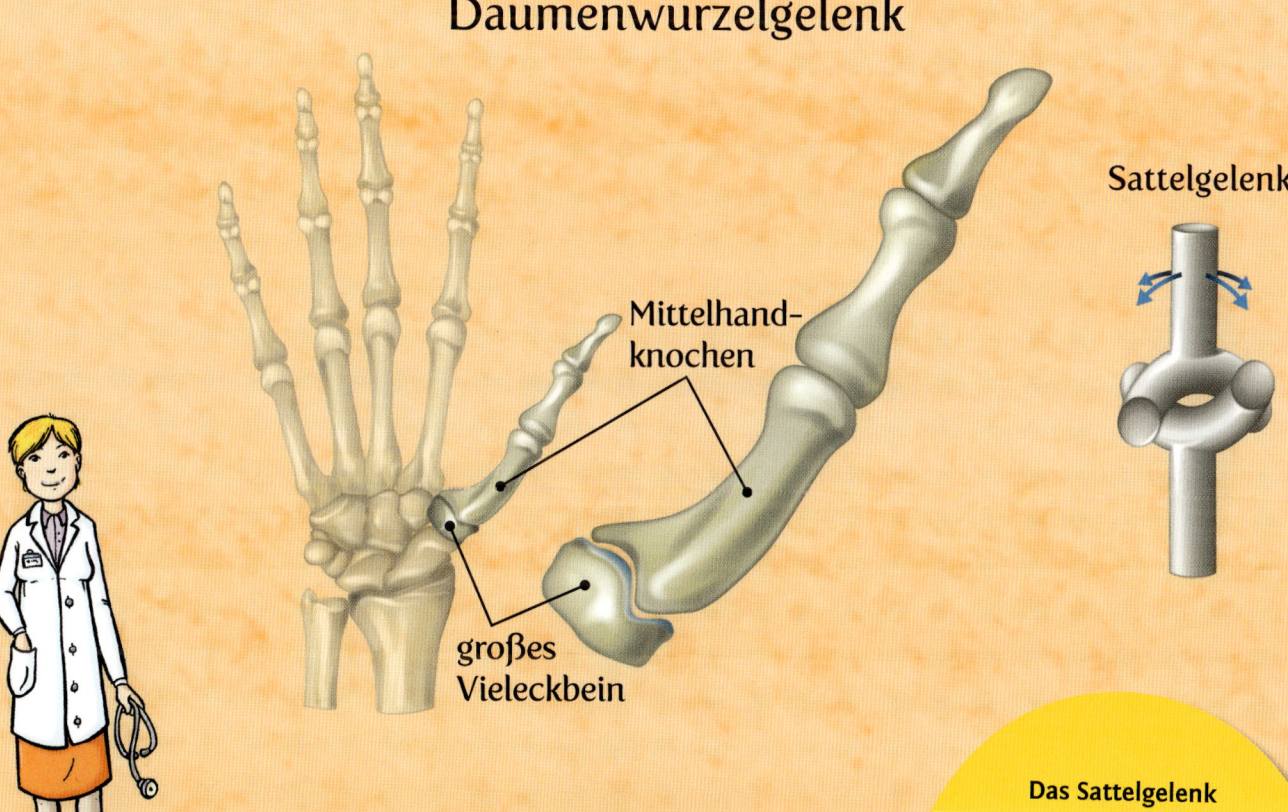

Mittelhand-
knochen

Sattelgelenk

großes
Vieleckbein

SCHON GEWUSST?

Das größte Gelenk im Körper

Das größte Gelenk im menschlichen Körper ist das Kniegelenk. Es ist so stark, dass es ein Vielfaches unseres eigenen Körpergewichts tragen kann. Im Kniegelenk treffen drei Knochen aufeinander: der Oberschenkelknochen, das Schienbein und die Kniescheibe. Dazu kommen noch zahlreiche Knorpel, Bänder und Muskeln, die das Kniegelenk so beweglich machen. Dadurch wird das Kniegelenk aber auch zum kompliziertesten Gelenk in unserem Körper. Gerade beim Sport passieren hier deshalb zahlreiche Verletzungen.

Das Sattelgelenk

Das Sattelgelenk ist ein besonderes Gelenk. Es befindet sich zwischen Handwurzel- und Mittelhandknochen des Daumens. Es sieht aus wie ein Reiter, der auf einem Pferd sitzt. Dieses Gelenk lässt zwei Bewegungsrichtungen zu.

Lass doch mal die Muskeln spielen!

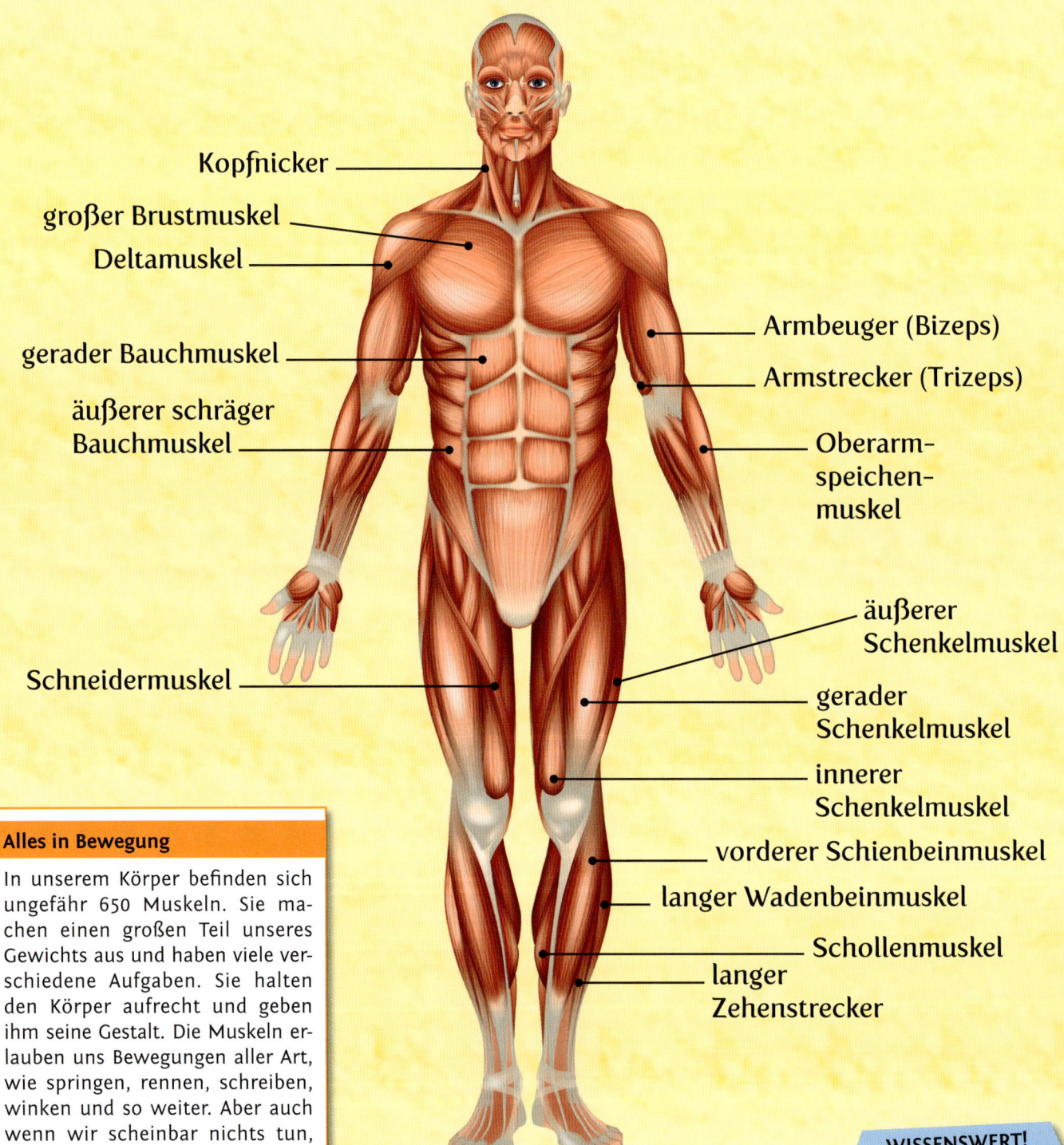

Kopfnicker

großer Brustmuskel

Deltamuskel

gerader Bauchmuskel

äußerer schräger
Bauchmuskel

Schneidermuskel

Armbeuger (Bizeps)

Armstrecker (Trizeps)

Oberarm-
speichen-
muskel

äußerer
Schenkelmuskel

gerader
Schenkelmuskel

innerer
Schenkelmuskel

vorderer Schienbeinmuskel

langer Wadenbeinmuskel

Schollenmuskel

langer
Zehenstrecker

Alles in Bewegung

In unserem Körper befinden sich ungefähr 650 Muskeln. Sie machen einen großen Teil unseres Gewichts aus und haben viele verschiedene Aufgaben. Sie halten den Körper aufrecht und geben ihm seine Gestalt. Die Muskeln erlauben uns Bewegungen aller Art, wie springen, rennen, schreiben, winken und so weiter. Aber auch wenn wir scheinbar nichts tun, also nur dasitzen, stützen sie unseren Körper und verhindern, dass wir vom Stuhl fallen oder unser Kopf einfach nach vorne kippt. Außerdem sorgen Muskeln dafür, dass lebenswichtige Organe, wie zum Beispiel unser Herz, arbeiten.

WISSENSWERT!

Muskeln als Heizung

Unsere Muskeln haben noch eine weitere wichtige Funktion: Sie halten unseren Körper warm! Durch Muskelarbeit wird nämlich Energie, also Wärme, freigesetzt. Wenn wir in eisiger Kälte frieren, beginnen unsere Muskeln deshalb unwillkürlich zu zittern. Sie erzeugen dadurch Wärme. Noch viel deutlicher kannst du das allerdings spüren, wenn du lange und schnell rennst. Da kommt dein Körper durch die Muskelarbeit ganz schön ins Schwitzen.

Was ist ein Muskelkater?

Kennst du ihn auch – den Muskelkater? Wenn du viel Sport getrieben oder eine anstrengende Bergtour gemacht hast, kannst du einige Stunden später Schmerzen in den Muskeln bekommen. Dann hast du dich bei deinen Aktivitäten überanstrengt, und im Muskel sind feine Faserrisse aufgetreten. Zum Glück ist ein Muskelkater harmlos und verschwindet nach ein paar Tagen wieder.

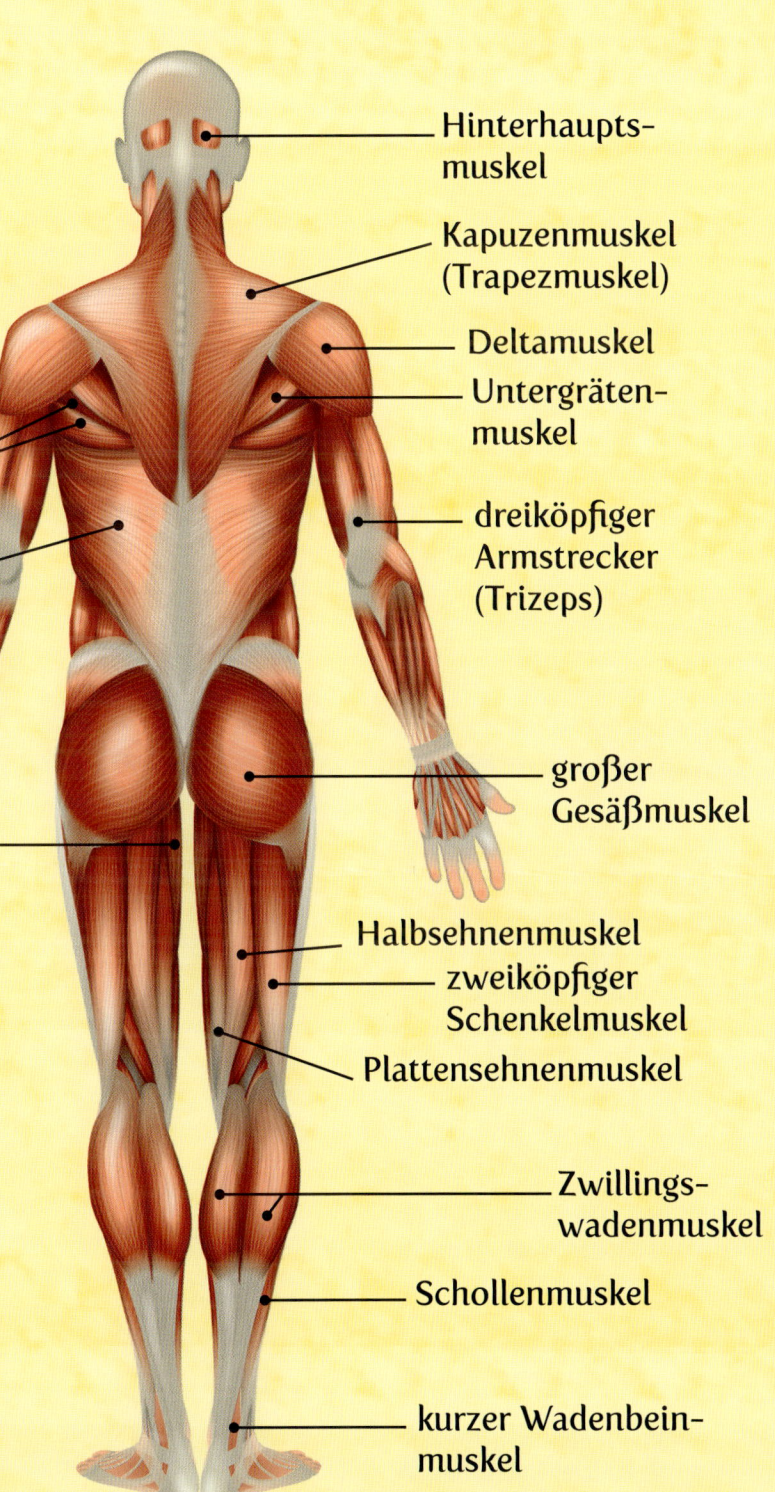

Hinterhaupts-muskel

Kapuzenmuskel (Trapezmuskel)

Deltamuskel

Untergräten-muskel

großer und kleiner Rundmuskel

dreiköpfiger Armstrecker (Trizeps)

breiter Rückenmuskel

großer Oberschenkel-anzieher

großer Gesäßmuskel

Halbsehnenmuskel

zweiköpfiger Schenkelmuskel

Plattensehnenmuskel

Zwillings-wadenmuskel

Schollenmuskel

kurzer Wadenbein-muskel

Drei verschiedene Muskelarten

Es gibt verschiedene Muskelarten in unserem Körper. Die Muskeln, die an unserem Skelett befestigt sind und unseren Körper bewegen, nennt man Skelettmuskulatur. Wir können sie bewegen, wann wir wollen. Sie heißen deshalb willkürliche Muskeln. Es gibt auch noch die glatte Muskulatur. Sie befindet sich in den Wänden von Hohlorganen, wie zum Beispiel in Speiseröhre, Darm oder Blase. Die glatten Muskeln bewegen sich unwillkürlich, also nicht nach unserem Willen. Unsere Herzmuskulatur befindet sich nur in der Herzwand. Sie ist zwar aufgebaut wie die Skelettmuskulatur, bewegt sich aber automatisch. Die Herzmuskelzellen arbeiten ohne Unterbrechung ein Leben lang.

Beuger und Strecker

Wie funktionieren Muskeln?

Muskeln bestehen aus vielen feinen Fasern, die sich zusammenziehen können. Über Nerven werden Signale von Gehirn und Rückenmark an die Muskeln weitergeleitet. Die Muskelfasern reagieren auf diese Reize und verkürzen sich. Muskeln können sich allerdings nicht dehnen, sondern nur wieder erschlaffen. Deshalb sind für entgegengesetzte Bewegungen zwei Muskeln notwendig, zum Beispiel ein Beugemuskel und ein Streckmuskel.

Paar oder Gegenspieler?

Der Bizeps und der Trizeps sind Muskeln unseres Oberarms. Sie arbeiten als Paar, jedoch gegeneinander, um das Ellbogengelenk entweder zu beugen oder zu strecken. Der Bizeps verläuft an der Vorderseite des Oberarms. Er ist an der Schulter und an der Speiche, einem der beiden Unterarmknochen, festgewachsen. Zieht dieser Muskel sich zusammen, wird er dicker und kürzer, sodass der Unterarm gebeugt wird. Der Trizeps ist dabei entspannt und dünn. Bei der Streckung des Ellbogens wird der Gegenspieler des Bizeps aktiv. Jetzt zieht sich der Trizeps zusammen. Er verläuft an der Rückseite des Oberarms hin zur Elle, dem anderen Unterarmknochen. Bei dieser Bewegung ist der Bizeps lang und entspannt.

Armbeugung

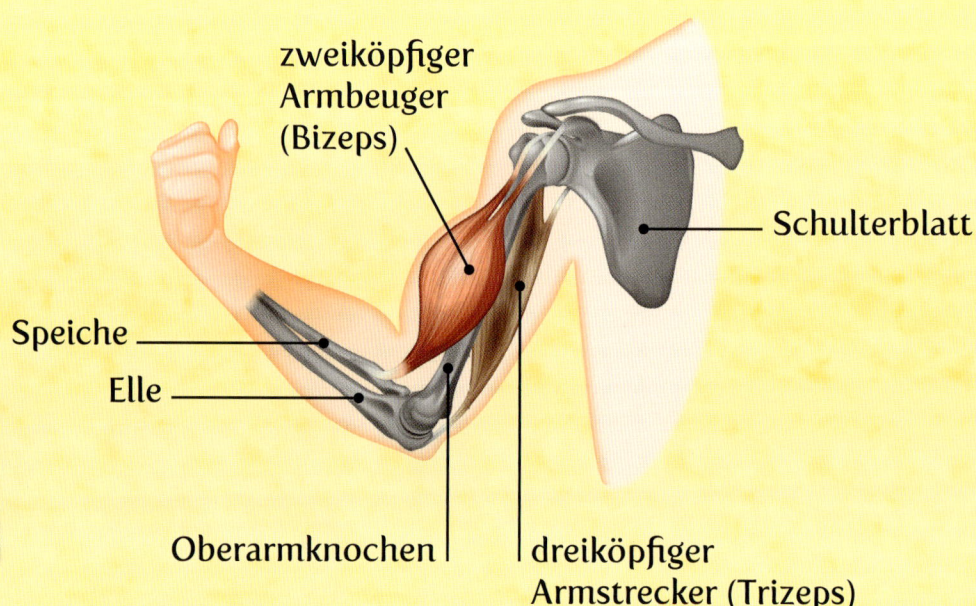

zweiköpfiger Armbeuger (Bizeps)

Schulterblatt

Speiche

Elle

Oberarmknochen

dreiköpfiger Armstrecker (Trizeps)

Armstreckung

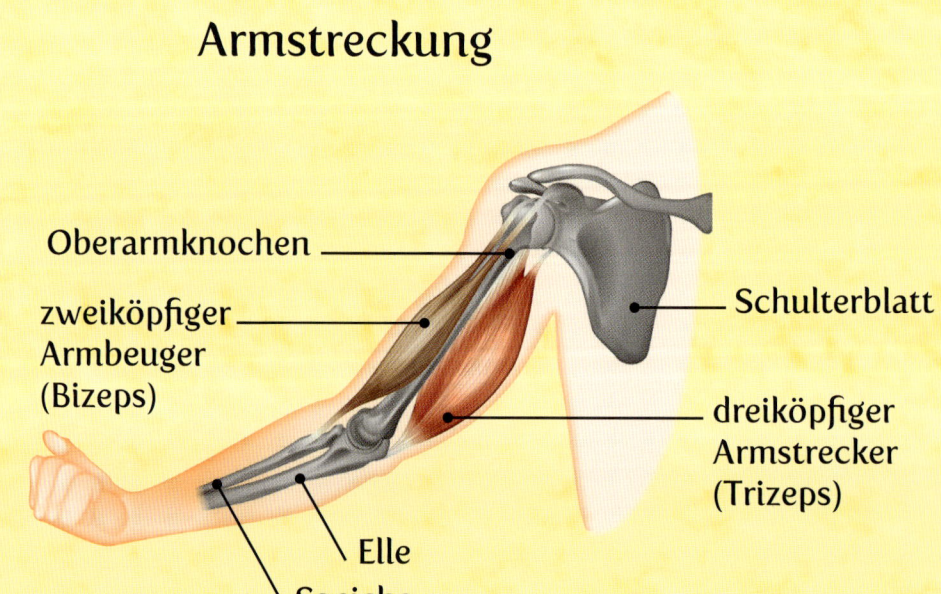

Oberarmknochen

zweiköpfiger Armbeuger (Bizeps)

Schulterblatt

dreiköpfiger Armstrecker (Trizeps)

Elle

Speiche

Kniegelenkstreckung

vierköpfiger Oberschenkelmuskel

mittlerer Oberschenkelmuskel

gerader Oberschenkelmuskel

äußerer Oberschenkelmuskel

innerer Oberschenkelmuskel

Ein starker Muskel mit vier Köpfen

Auf der Vorderseite unseres Oberschenkels befindet sich ein besonders starker Muskel, der sich aus vier Teilen zusammensetzt. Er heißt deshalb auch vierköpfiger Oberschenkelmuskel oder Quadrizeps. Die vier Muskelanteile beginnen an Becken und Oberschenkelknochen und verlaufen hinab Richtung Unterschenkel. Über dem Kniegelenk vereinen sich die Muskelbäuche zu einer gemeinsamen Sehne, die über die Kniescheibe zum Schienbein verläuft. Durch das Zusammenziehen der vier Muskelbäuche wird das Kniegelenk gestreckt. Der Quadrizeps ist für uns sehr wichtig. Er ist der einzige Muskel, der uns das Aufstehen aus dem Sitzen oder aus der Hocke ermöglicht.

Kopf voraus!

Der Schädel

Der Schädel besteht insgesamt aus 22 Knochen. Man unterscheidet den Gesichtsschädel und den Hirnschädel. Der Hirnschädel ist gewölbt und bildet einen sicheren Schutz für das Gehirn. Der Gesichtsschädel besteht aus 14 Knochen. Er formt unser Gesicht und bildet die Augen-, Nasen- und Mundhöhle, um wichtige Sinnesorgane zu schützen.

Stirnbein

Scheitelbein

Schläfenbein

Jochbein

Oberkieferknochen

Zähne

Unterkieferknochen

Augenhöhle

Nasenbein

Nasenscheidewand

Wofür sind die Knochennähte wichtig?

Die Knochennähte sind die Verbindungen zwischen den Schädelknochen. Sie bestehen beim Kind aus Bindegewebe und erlauben unserem Kopf zu wachsen. Erst im Laufe der Jahre verknöchern die Schädelnähte. Passiert dies allerdings zu früh, kann es zu auffälligen Kopfformen, wie zum Beispiel einem Turm- oder einem Langschädel, kommen.

SCHON GEWUSST?

Unsere Vorfahren, die Menschenaffen, hatten einen viel mächtigeren Gesichtsschädel mit stärkeren Kieferknochen als der Mensch von heute. Da unsere Gehirnmasse über viele Millionen Jahre stetig zugenommen hat, ist inzwischen unser Gehirnschädel deutlich größer als der Gesichtsschädel.

große Fontanelle (Stirnfontanelle)

Kranznaht

Stirnbein

vordere Seitenfontanelle

Augenhöhle

Oberkieferknochen

Unterkieferknochen

Bei der Geburt wird das Kind durch das Becken der Mutter gepresst. An einigen Stellen ist der Weg nach draußen sehr eng. Zum Glück besteht der Kopf des Babys nicht nur aus Knochen. Er kann noch zusammengeschoben werden und so leichter durch den Geburtskanal rutschen. Viele Neugeborene haben deshalb nach der Geburt einen ziemlich verformten Kopf. Nach einigen Stunden hat er jedoch wieder seine normale Form angenommen.

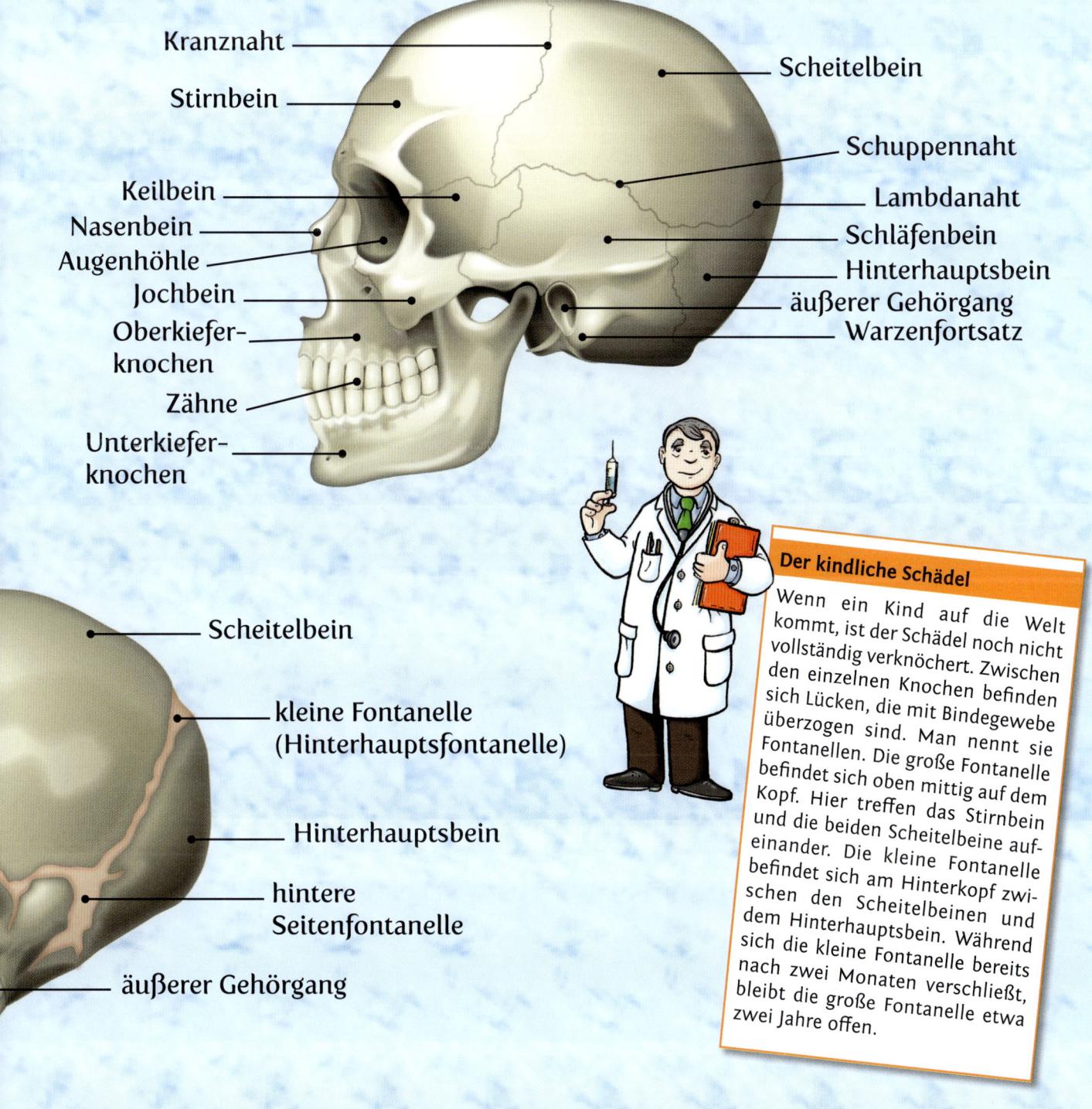

Kranznaht

Stirnbein

Keilbein

Nasenbein

Augenhöhle

Jochbein

Oberkiefer-knochen

Zähne

Unterkiefer-knochen

Scheitelbein

Schuppennaht

Lambdanaht

Schläfenbein

Hinterhauptsbein

äußerer Gehörgang

Warzenfortsatz

Scheitelbein

kleine Fontanelle (Hinterhauptsfontanelle)

Hinterhauptsbein

hintere Seitenfontanelle

äußerer Gehörgang

Der kindliche Schädel

Wenn ein Kind auf die Welt kommt, ist der Schädel noch nicht vollständig verknöchert. Zwischen den einzelnen Knochen befinden sich Lücken, die mit Bindegewebe überzogen sind. Man nennt sie Fontanellen. Die große Fontanelle befindet sich oben mittig auf dem Kopf. Hier treffen das Stirnbein und die beiden Scheitelbeine aufeinander. Die kleine Fontanelle befindet sich am Hinterkopf zwischen den Scheitelbeinen und dem Hinterhauptsbein. Während sich die kleine Fontanelle bereits nach zwei Monaten verschließt, bleibt die große Fontanelle etwa zwei Jahre offen.

Schlaues Köpfchen!

Von außen sieht das Großhirn so ähnlich aus wie eine Walnuss. Das liegt an den vielen Hirnwindungen und Furchen. Die Zentralfurche trennt Stirn- und Scheitellappen. Zwischen Scheitel- und Schläfenlappen verläuft die Sylvische Furche.

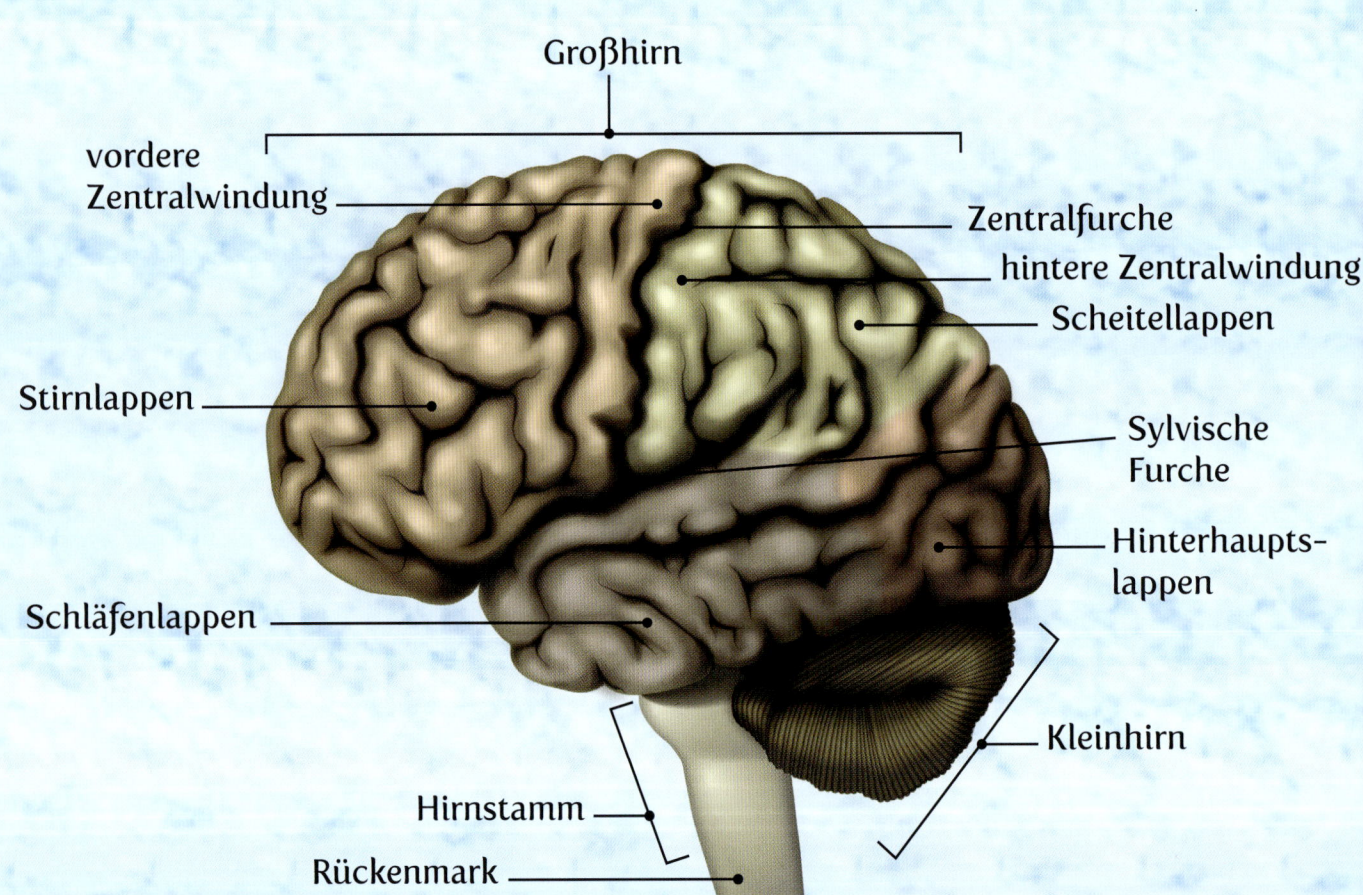

Großhirn

vordere Zentralwindung

Zentralfurche

hintere Zentralwindung

Scheitellappen

Stirnlappen

Sylvische Furche

Hinterhaupts- lappen

Schläfenlappen

Kleinhirn

Hirnstamm

Rückenmark

Der Aufbau des Gehirns

Das Gehirn setzt sich aus Großhirn, Zwischenhirn, Kleinhirn und Hirnstamm zusammen. Wie der Name schon sagt, ist das Großhirn der größte Teil unseres Gehirns. Es besteht aus zwei Hälften und ist in verschiedene Hirnlappen unterteilt. Vorne befindet sich der Stirnlappen, an der Seite der Schläfen- sowie der Scheitellappen und hinten der Hinterhauptslappen. Das Kleinhirn liegt unterhalb des Großhirns. Der Hirnstamm verbindet das Gehirn mit dem Rückenmark.

Schaltzentrale des Körpers

Das Gehirn ist die Schaltzentrale unseres Körpers, es steuert über das Rückenmark und die Nerven alles, was in unserem Körper passiert. Hier werden Nervensignale aufgenommen, verarbeitet und gesendet. Egal, ob wir sprechen, hören, fühlen, lesen, springen, nachdenken oder uns an etwas erinnern, ohne das Gehirn wäre das alles nicht möglich.

Das Gehirn eines erwachsenen Mannes wiegt etwa 1400 Gramm, das einer Frau ist um etwa 100 Gramm leichter.

Was passiert im Großhirn?

Heute weiß man, dass bestimmte Bereiche des Großhirns unterschiedliche Aufgaben erfüllen. Während die vordere Zentralwindung im Stirnlappen eine wichtige Rolle bei der Steuerung unserer Bewegungen spielt, ist die hintere Zentralwindung im Scheitellappen für das Fühlen und für Schmerzempfindungen zuständig. Das motorische Sprachzentrum, auch Broca-Sprachzentrum genannt, befindet sich im Stirnlappen und ist für die gesprochene Sprache verantwortlich. Ohne das sensorische Sprachzentrum im Schläfenlappen, das Wernicke-Sprachzentrum, könnten wir Sprache nicht erkennen und also auch nicht verstehen. Im Hinterhauptslappen befindet sich unser Sehzentrum. Hier werden alle Eindrücke, die unsere Augen wahrnehmen, verarbeitet.

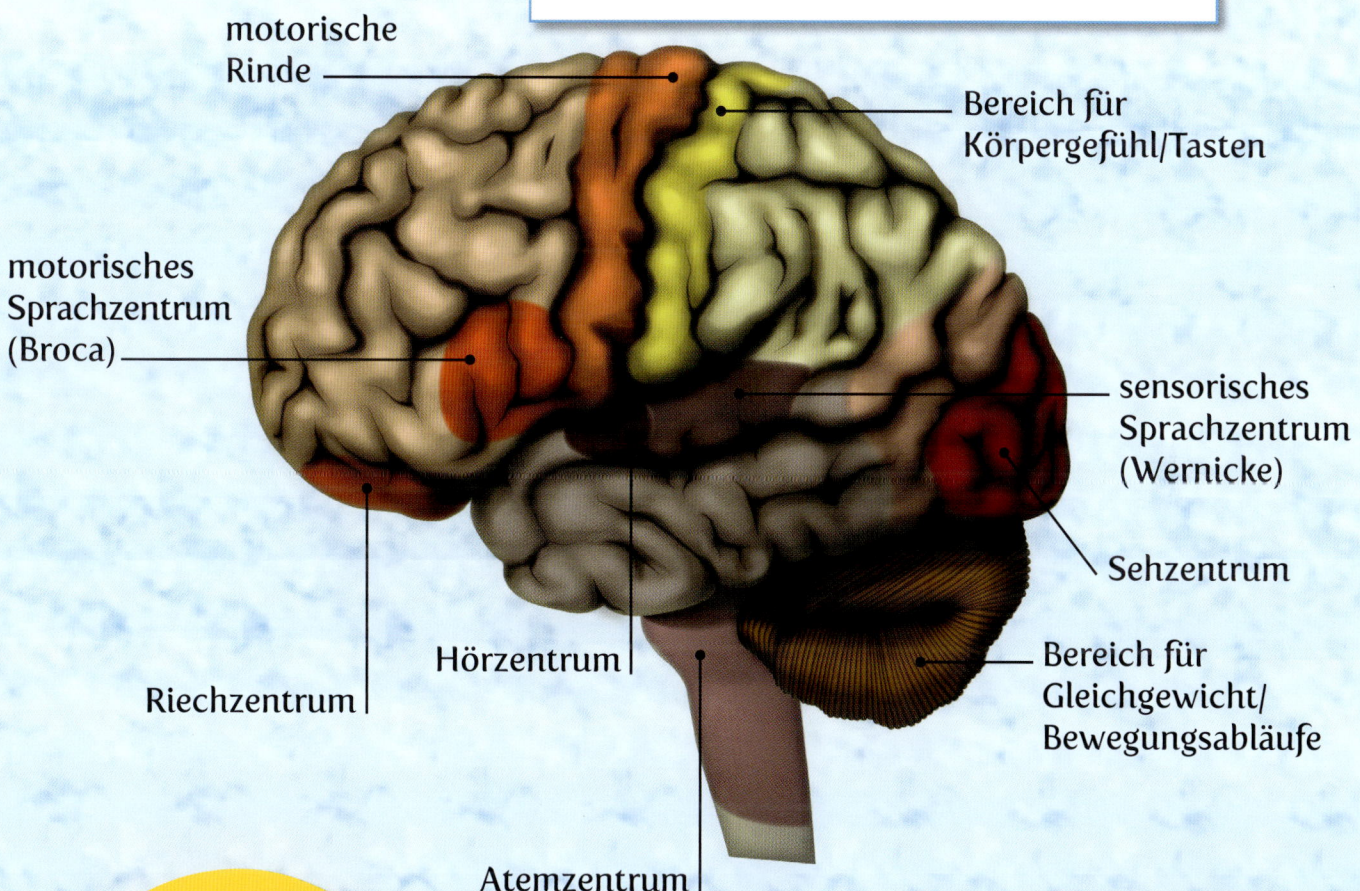

motorische Rinde

Bereich für Körpergefühl/Tasten

motorisches Sprachzentrum (Broca)

sensorisches Sprachzentrum (Wernicke)

Sehzentrum

Hörzentrum

Bereich für Gleichgewicht/ Bewegungsabläufe

Riechzentrum

Atemzentrum

Was tun Kleinhirn und Hirnstamm?

Das Kleinhirn ist für unser Gleichgewicht zuständig und nimmt die Feinabstimmung unserer Bewegungen vor. Der Hirnstamm steuert lebenswichtige Körperfunktionen wie Herzschlag und Atmung, ohne dass wir etwas davon bemerken.

SCHON GEWUSST?

Die beiden Gehirnhälften des Großhirns sind genau spiegelverkehrt mit den Körperhälften verbunden: Die linke Großhirnhälfte steuert die rechte Körperseite und die rechte Großhirnhälfte die linke Körperseite.

Ins Gehirn geschaut

Das Zwischenhirn

Zwischen den Großhirnhälften und dem Hirnstamm befindet sich das Zwischenhirn mit dem Thalamus und dem Hypothalamus. Unser Zwischenhirn verarbeitet unsere Gefühle und entscheidet, welche Informationen bis in unser Bewusstsein vordringen. Es steuert die Körpertemperatur, das Hunger- und Durstgefühl sowie den Schlaf-Wach-Rhythmus.

Die Gefäße

Das Gehirn wird durch zahlreiche Arterien mit Sauerstoff, Zucker und anderen Nährstoffen versorgt. Kommt es zu einer Verstopfung eines Gefäßes, wie bei einem Schlaganfall, oder zu einer Blutung, kann dies innerhalb weniger Minuten zum Absterben von Hirngewebe führen.

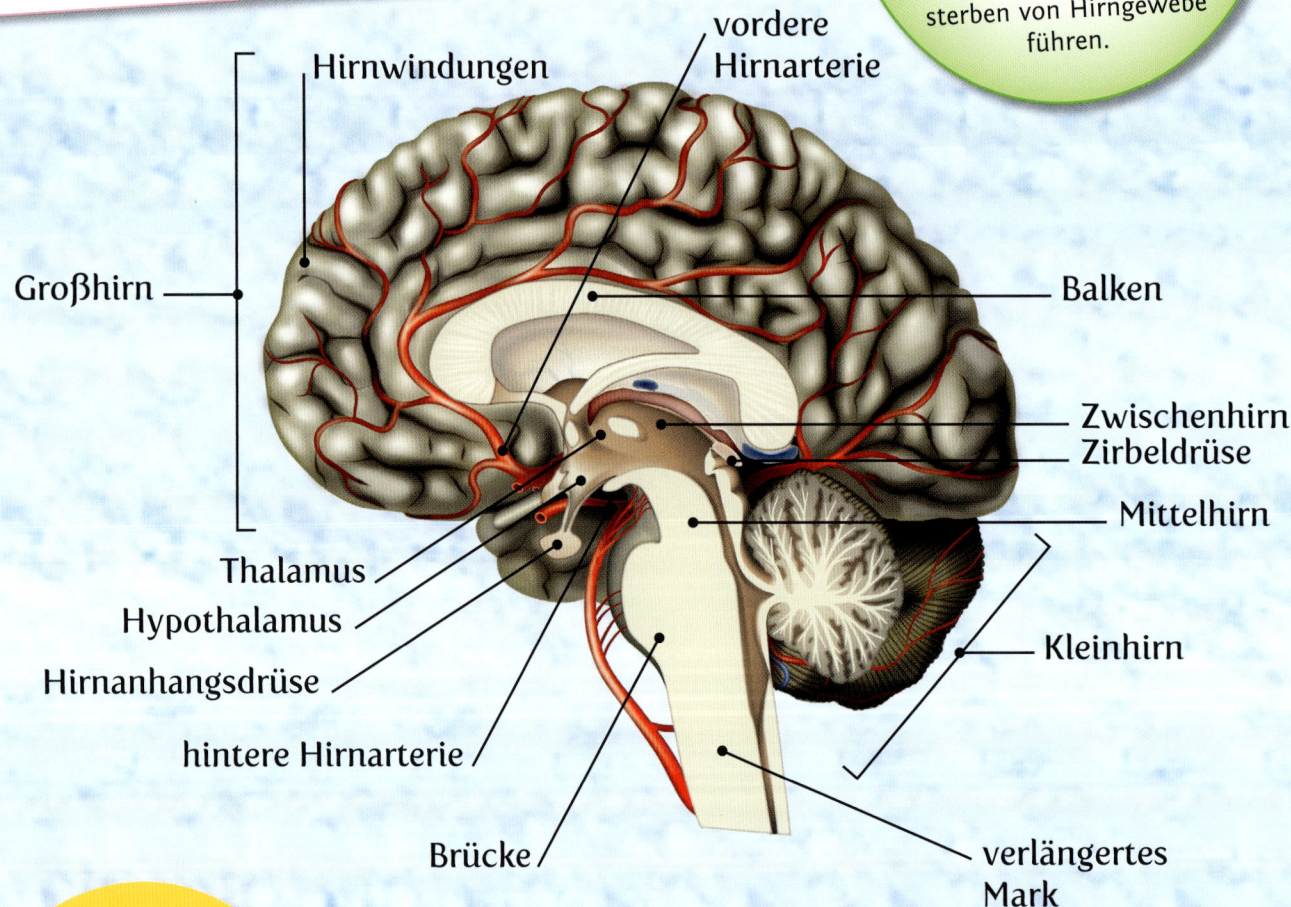

Hirnwindungen

vordere Hirnarterie

Großhirn

Balken

Zwischenhirn
Zirbeldrüse

Mittelhirn

Thalamus

Hypothalamus

Kleinhirn

Hirnanhangsdrüse

hintere Hirnarterie

verlängertes Mark

Brücke

Der Balken

Unsere beiden Gehirnhälften sind durch den Gehirnbalken miteinander verbunden. Der Balken besteht aus etwa 250 Millionen Nervenfasern, über die der Austausch von Informationen zwischen der rechten und linken Hirnhälfte stattfindet.

Die Hirnanhangsdrüse

Die Hirnanhangsdrüse ist eine etwa haselnussgroße Hormondrüse, die über einen Stiel mit dem Hypothalamus verbunden ist. Sie setzt verschiedene Hormone frei und reguliert so Wachstum, Stoffwechsel und Fortpflanzung.

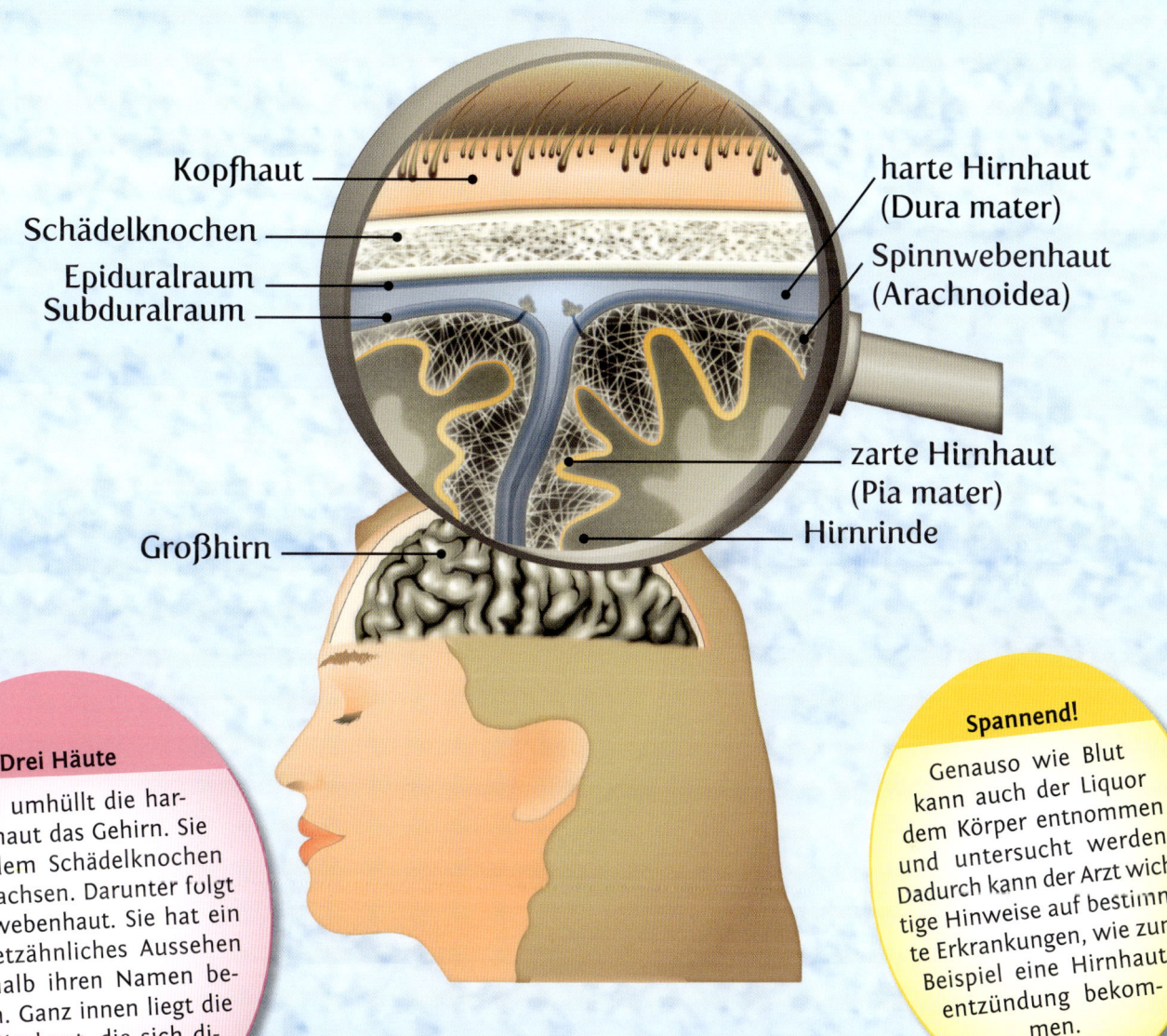

Kopfhaut

Schädelknochen

Epiduralraum

Subduralraum

Großhirn

harte Hirnhaut
(Dura mater)

Spinnwebenhaut
(Arachnoidea)

zarte Hirnhaut
(Pia mater)

Hirnrinde

Drei Häute

Außen umhüllt die harte Hirnhaut das Gehirn. Sie ist mit dem Schädelknochen fest verwachsen. Darunter folgt die Spinnwebenhaut. Sie hat ein spinnennetzähnliches Aussehen und deshalb ihren Namen bekommen. Ganz innen liegt die zarte Hirnhaut, die sich direkt an das Gehirn anschmiegt.

Spannend!

Genauso wie Blut kann auch der Liquor dem Körper entnommen und untersucht werden. Dadurch kann der Arzt wichtige Hinweise auf bestimmte Erkrankungen, wie zum Beispiel eine Hirnhautentzündung bekommen.

Das Gehirnwasser

Zwischen der Spinnwebenhaut und der zarten Hirnhaut befindet sich ein Raum, der mit Gehirnwasser gefüllt ist. Diese Flüssigkeit wird auch Liquor genannt. Sie hat die Funktion eines Stoßdämpfers und polstert zusätzlich das Hirngewebe. Unser Gehirn bildet täglich mehr als 500 Milliliter Liquor.

Sicher verpackt

Das Gehirn ist ein lebenswichtiges und äußerst empfindliches Organ. Deshalb wird es ganz besonders gut geschützt. Der knöcherne Schädel umschließt das Gehirn und bewahrt es vor Schlägen von außen. Darunter folgen drei Hirnhäute, die verhindern, dass das Hirngewebe bei schnellen Bewegungen hart an die Schädelwand stößt und dadurch verletzt wird.

Rückenmark und Nervenzellen

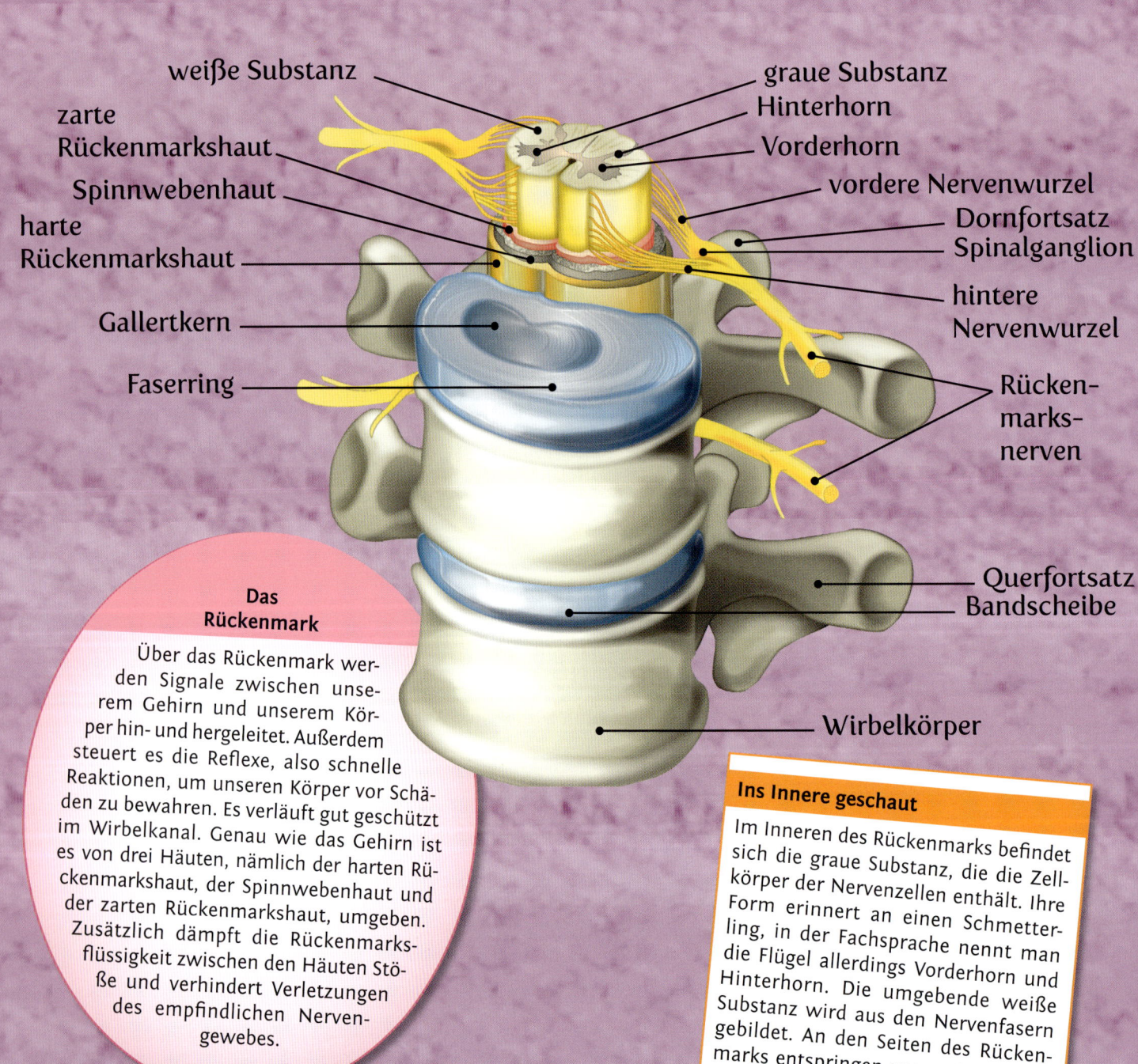

weiße Substanz

zarte Rückenmarkshaut

Spinnwebenhaut

harte Rückenmarkshaut

Gallertkern

Faserring

graue Substanz

Hinterhorn

Vorderhorn

vordere Nervenwurzel

Dornfortsatz

Spinalganglion

hintere Nervenwurzel

Rücken-marks-nerven

Querfortsatz

Bandscheibe

Wirbelkörper

Das Rückenmark

Über das Rückenmark werden Signale zwischen unserem Gehirn und unserem Körper hin- und hergeleitet. Außerdem steuert es die Reflexe, also schnelle Reaktionen, um unseren Körper vor Schäden zu bewahren. Es verläuft gut geschützt im Wirbelkanal. Genau wie das Gehirn ist es von drei Häuten, nämlich der harten Rückenmarkshaut, der Spinnwebenhaut und der zarten Rückenmarkshaut, umgeben. Zusätzlich dämpft die Rückenmarksflüssigkeit zwischen den Häuten Stöße und verhindert Verletzungen des empfindlichen Nervengewebes.

Ins Innere geschaut

Im Inneren des Rückenmarks befindet sich die graue Substanz, die die Zellkörper der Nervenzellen enthält. Ihre Form erinnert an einen Schmetterling, in der Fachsprache nennt man die Flügel allerdings Vorderhorn und Hinterhorn. Die umgebende weiße Substanz wird aus den Nervenfasern gebildet. An den Seiten des Rückenmarks entspringen paarweise die Rückenmarksnerven.

Das Neuron

Die Nervenzelle wird in der Fachsprache auch Neuron genannt. Sie besteht aus einem Zellkörper mit dem Zellkern und unterschiedlichen Fortsätzen. Die kurzen Fortsätze, die aus dem Zellkörper wachsen, heißen Dendriten. Über diese empfängt die Nervenzelle Erregungen von anderen Zellen. Der lange Fortsatz ist das Axon. Über das Axon sendet das Neuron Signale zu anderen Zellen.

Schnellere Erregungsleitung

Das Axon ist häufig von einer Markscheide umhüllt, die es schützt und gleichzeitig isoliert. Zwischen den einzelnen Markscheiden befinden sich Schnürringe. Durch diese Einschnürungen kann ein Signal schneller entlang des Axons übertragen werden. Da die Erregungen von einem Schnürring zum nächsten springen, können so bei der Weiterleitung Geschwindigkeiten bis zu 100 Metern pro Sekunde erreicht werden.

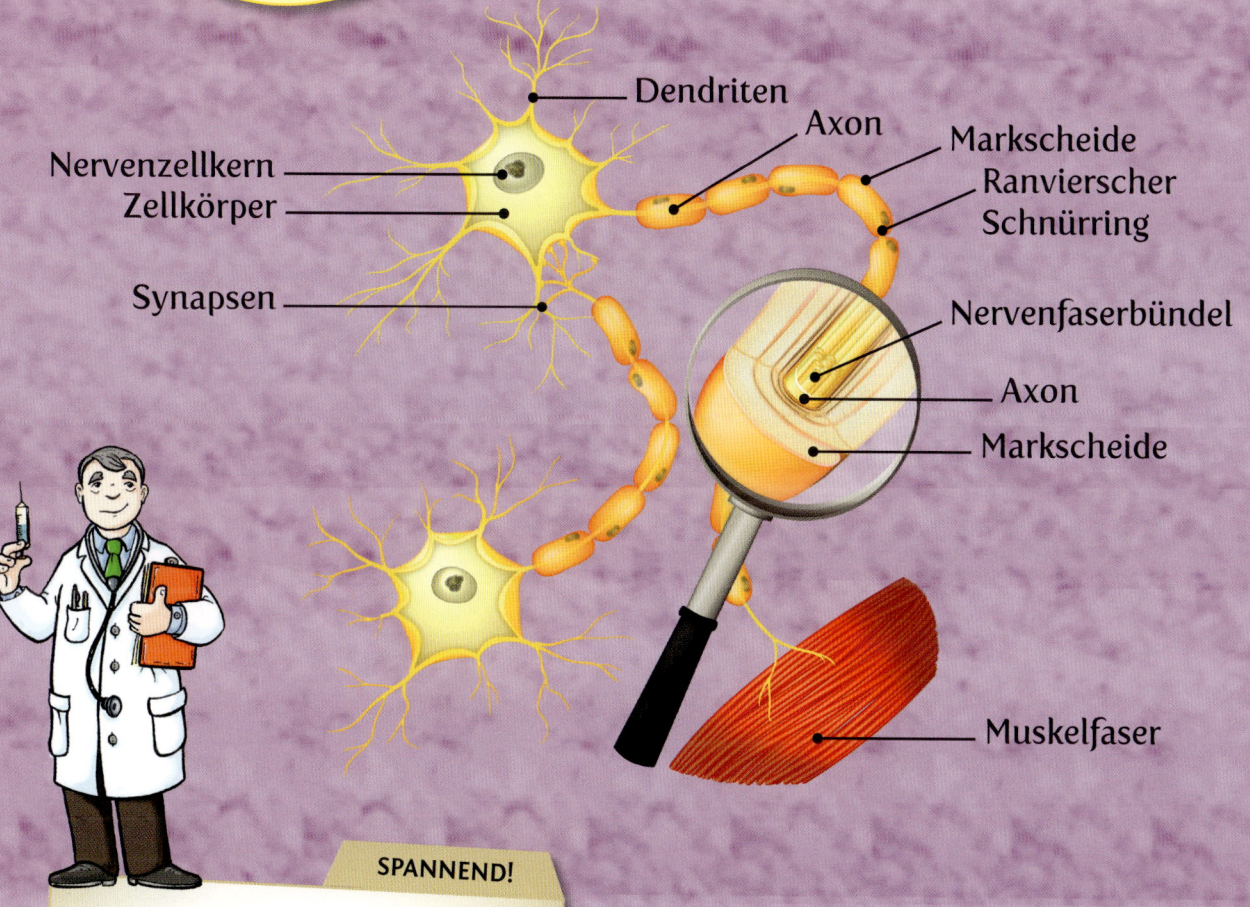

Dendriten

Axon

Markscheide
Ranvierscher
Schnürring

Nervenzellkern

Zellkörper

Synapsen

Nervenfaserbündel

Axon

Markscheide

Muskelfaser

SPANNEND!

Was ist eine Synapse?

Nervenzellen sind über Verknüpfungen, die Synapsen, miteinander verbunden. So werden Signale über die Synapse am Ende des Axons auf die Dendriten einer anderen Nervenzelle übertragen. Da hier ein kleiner Spalt überwunden werden muss, leiten chemische Botenstoffe die Erregung weiter.

Starke Nerven!

Total vernetzt!

Unser Nervensystem ist ein riesiges Netzwerk aus vielen Milliarden Nervenzellen. Es steuert alles, was in unserem Körper passiert oder was unser Körper tut. Das Gehirn und das Rückenmark bilden das zentrale Nervensystem, die übrigen Nerven das periphere, also äußere Nervensystem. Über die Nerven erreicht das Gehirn jeden Teil unseres Körpers und kann ihm Signale schicken. Aber auch umgekehrt leitet der Körper Informationen über die Nervenbahnen zum Gehirn.

Achselnerv
Zwischenrippennerv
Speichennerv
Lendenkreuzgeflecht
Oberschenkelnerv
Ischiasnerv
Armgeflecht
Hüft-Becken-Nerv
Hüft-Leisten-Nerv
Mittelarmnerv
Ellennerv

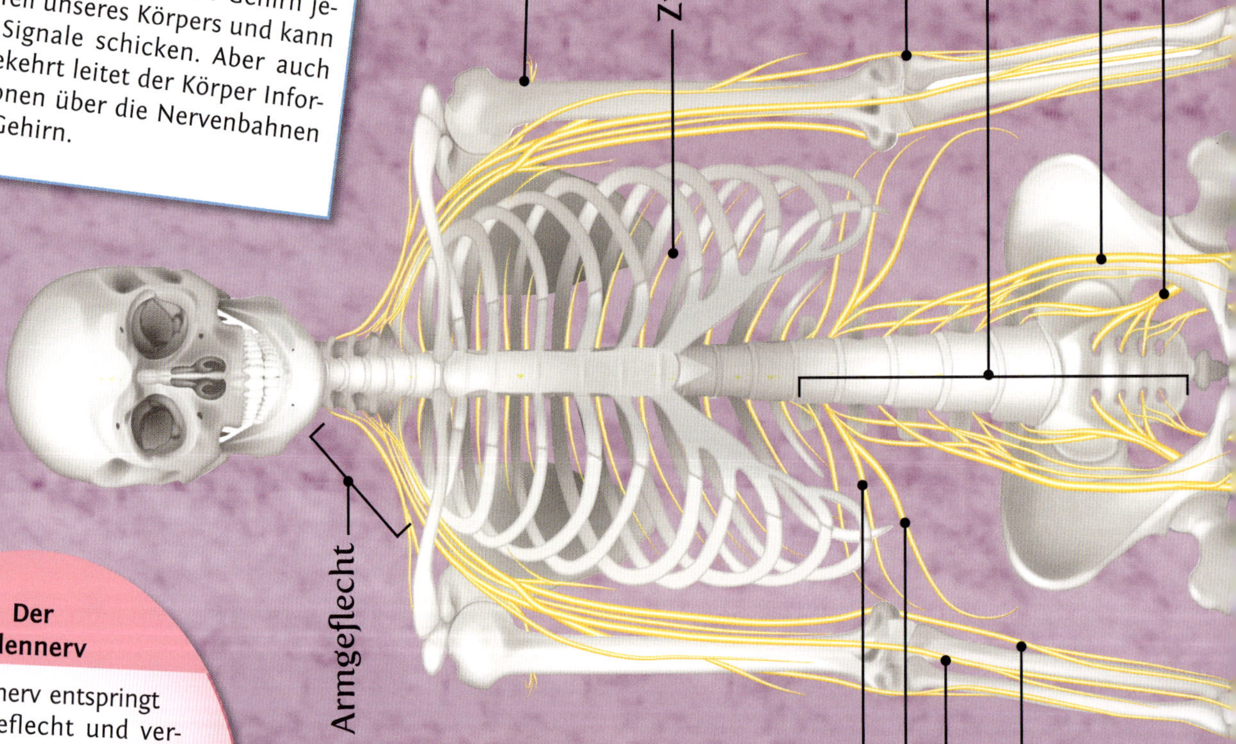

Der Ellennerv

Der Ellennerv entspringt dem Armgeflecht und verläuft an der Innenseite des Armes zum kleinen Finger hinunter. Da der Nerv am Ellbogenhöcker recht oberflächlich liegt, empfindest du beim Anstoßen in diesem Bereich sofort einen heftigen Schmerz. Man nennt dieses Gebiet auch den Musikantenknochen.

Der Speichennerv

Auch der Speichennerv ist ein Nerv aus dem Armgeflecht. Er verläuft in der Nähe der Speiche Richtung Daumen. Der Speichennerv gibt Signale an die Muskeln, die für die Streckung des Ellbogengelenks sowie der Hand- und Fingergelenke zuständig sind.

Was ist ein Reflex?

Wenn du auf eine heiße Herdplatte fasst, ziehst du deine Hand blitzschnell zurück. Diese Bewegung ist ein Reflex. Sie passiert unwillkürlich und wurde nicht vom Gehirn gesteuert, sondern vom Rückenmark. Somit hat das Nervensignal einen kürzeren Weg genommen und der Körper konnte schneller reagieren.

Stärkster Nerv des Körpers

Der dickste und längste Nerv in unserem Körper ist der Ischiasnerv. Er entspringt aus dem Kreuzbeinnervengeflecht und zieht an der Rückseite des Oberschenkels in Richtung Knie. Oberhalb der Kniekehle teilt er sich in den Schienbeinnerv und den gemeinsamen Wadenbeinnerv. Bei älteren Menschen treten häufig Schmerzen im Bereich des Ischiasnervs auf, die bis tief ins Bein hinunter ausstrahlen können.

Fingernerven

Rosennerv

Zehennerven

gemeinsamer Wadenbeinnerv

oberflächlicher Wadenbeinnerv

tiefer Wadenbeinnerv

Wir unterscheiden in unserem Körper motorische und sensorische Nerven. Sensorische Nerven leiten Informationen wie etwa Berührungen von der Haut zum zentralen Nervensystem. Über motorische Nerven werden Signale vom Gehirn an die Skelettmuskeln geleitet und das Zusammenziehen der Muskelfasern veranlasst.

Mach doch nicht so ein Gesicht!

Die Gesichtsmuskeln

In unserem Gesicht befinden sich 26 Muskeln. Im Gegensatz zu anderen Muskeln bewegen sie jedoch keine Gelenke. Sie liegen direkt unter der Haut und ermöglichen uns viele verschiedene Gesichtsausdrücke. Außerdem öffnen und schließen sie natürlich unsere Augen und unseren Mund. Schon am Namen vieler Muskeln erkennst du ihre Aufgabe, wie zum Beispiel beim Augenbrauensenker, beim Lachmuskel, beim Herabzieher des Mundwinkels oder beim Trompetermuskel.

Stirnmuskel

Augenbrauensenker
Augenringmuskel

Nasenmuskel
kleiner Jochbeinmuskel
großer Jochbeinmuskel

Heber der Oberlippe

Kaumuskel
Trompetermuskel
Mundringmuskel

Lachmuskel

Herabzieher des Mundwinkels

Kinnmuskel

WISSENSWERT!

Was ist die Mimik?

Mimik bedeutet auf Deutsch so viel wie Mienenspiel. Das sind die Gesichtsausdrücke, die durch die Gesichtsmuskeln hervorgerufen werden. Man nennt sie deshalb auch mimische Muskulatur. Durch unsere Mimik können wir viele Gefühle zeigen. Bei Erstaunen ziehen wir die Augenbrauen nach oben. Wenn wir traurig sind, bewegen wir die Mundwinkel nach unten, und wenn wir uns ekeln, dann rümpfen wir die Nase. Unser Gesichtsausdruck ist deshalb auch eine Art Sprache, die jeder versteht – und das ganz ohne Worte.

Woher kommt die Spucke?

Da bleibt mir doch die Spucke weg!

Damit wir unser Essen leichter hinunterschlucken können, wird es im Mund nicht nur zerkleinert, sondern auch mit Speichel angefeuchtet. So wird die Nahrung schön rutschig und gleitet leichter in die Speiseröhre. Der Speichel wird in drei großen Speicheldrüsen hergestellt. Sie heißen Ohrspeicheldrüse, Unterkieferspeicheldrüse und Unterzungenspeicheldrüse. Die Speicheldrüsen eines Erwachsenen stellen an einem Tag über einen Liter Spucke her, denn auch ohne Nahrungsaufnahme wird ständig Speichel abgesondert.

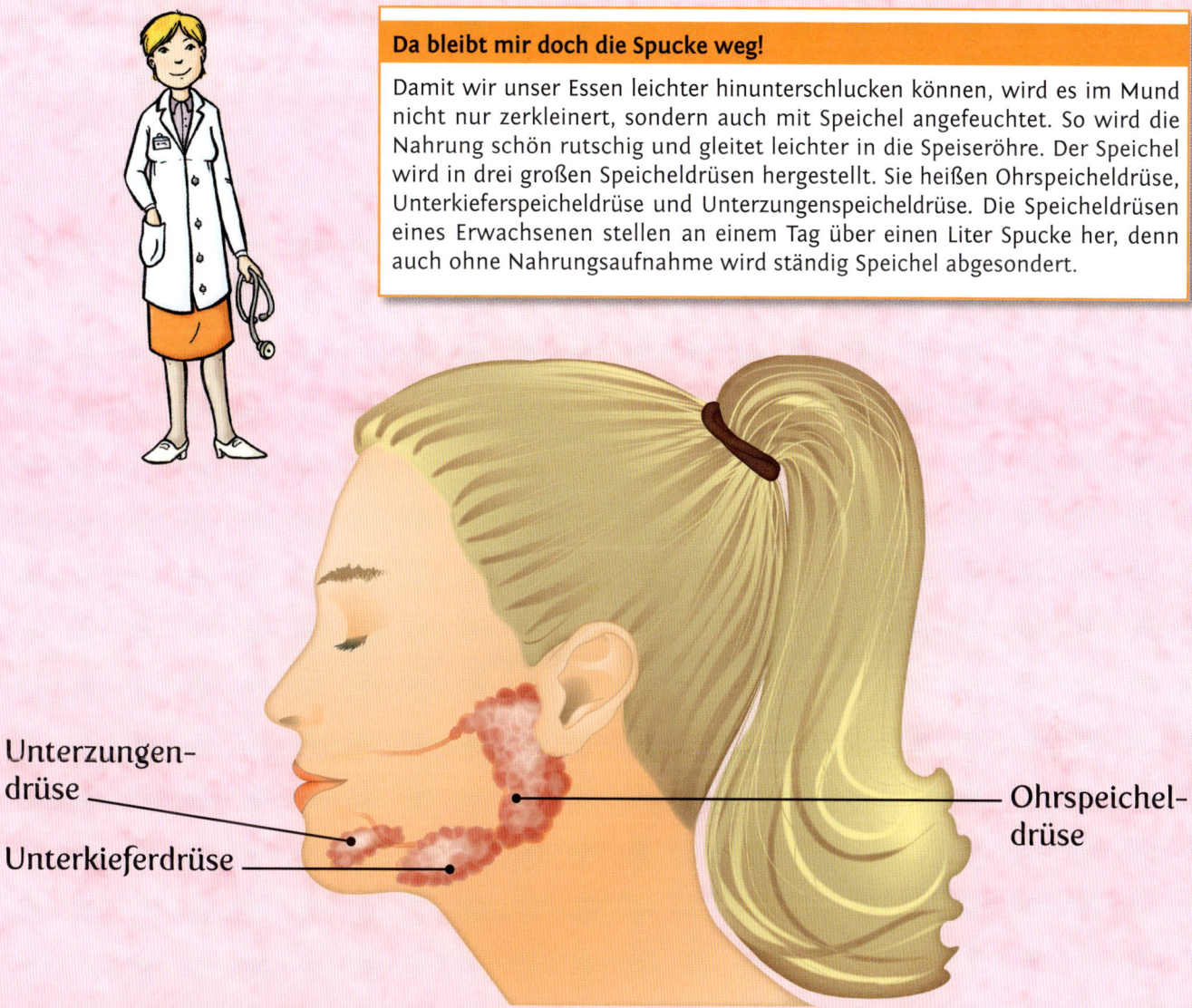

Unterzungen-
drüse

Unterkieferdrüse

Ohrspeichel-
drüse

Vorsicht, Mumps!

Heutzutage sind die meisten Kinder gegen Mumps geimpft. Hier handelt es sich nämlich um eine äußerst schmerzhafte Entzündung der Speicheldrüsen. Dabei sind besonders die dicken Backen der Erkrankten auffällig. Diese Kinderkrankheit wird durch ein Virus ausgelöst und ist sehr ansteckend. Früher war sie vor allem unter dem Namen Ziegenpeter bekannt.

VERRÜCKT!

Speichelsteine

Von Nierensteinen und Gallensteinen haben die meisten Leute schon einmal gehört. Aber auch in den Ausführungsgängen der Speicheldrüsen können sich kleine Steine bilden. Bei Kindern kommen sie allerdings nur sehr selten vor.

Der Weg des Atems

Quer durch den Nasenrachenraum

Ohne Sauerstoff können wir nicht leben. Deshalb ist das Atmen für unseren Körper lebensnotwendig. Jede einzelne Körperzelle braucht Sauerstoff, um arbeiten zu können. Diesen nehmen wir mit der Luft über die Nase auf. Wenn wir uns anstrengen oder Schnupfen haben, atmen wir aber auch durch den Mund. Die Nasenatmung hat allerdings große Vorteile. Hier wird die kalte Luft angewärmt und durch die Schleimhaut angefeuchtet. Feine Härchen und Schleim fangen Dreck und Krankheitserreger auf. Die Luft strömt dann weiter in den Rachen und an den Mandeln vorbei zum Kehlkopf mit den Stimmbändern. Von hier gelangt die Atemluft durch die Luftröhre zu den Lungen.

SCHON GEWUSST?

Nase, Mund und Rachen werden in der Fachsprache als obere Atemwege bezeichnet. Kehlkopf, Luftröhre und Lungen gehören zu den unteren Atemwegen.

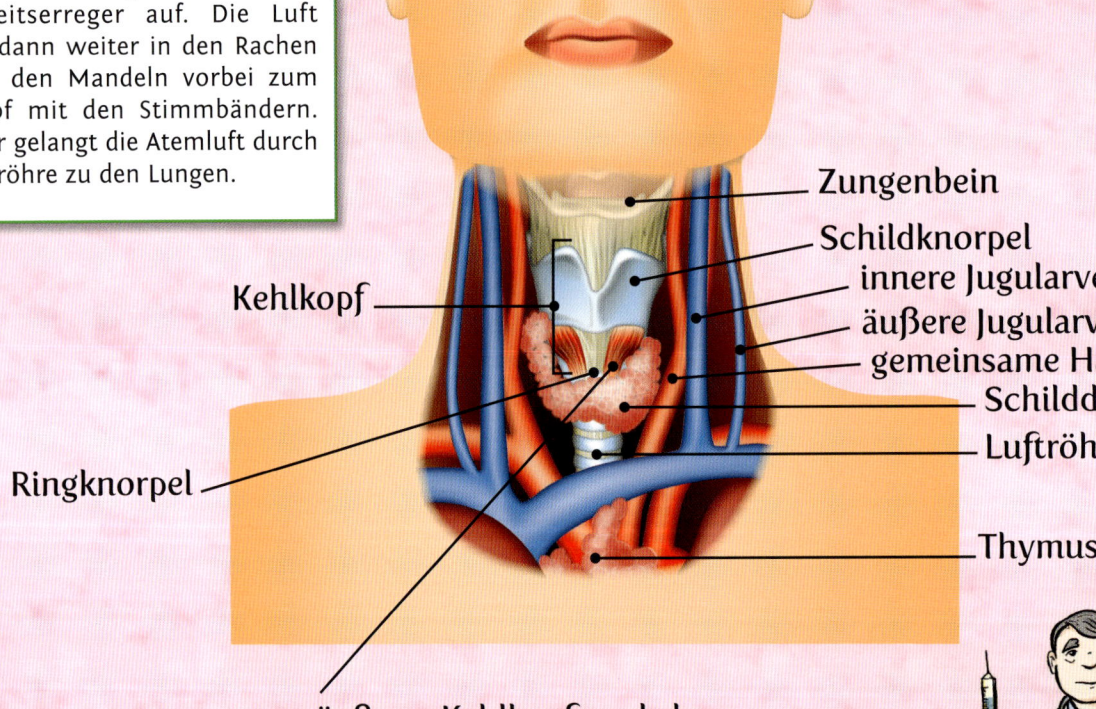

Zungenbein

Schildknorpel

innere Jugularvene

äußere Jugularvene

gemeinsame Halsschlagader

Schilddrüse

Luftröhre

Thymus

Kehlkopf

Ringknorpel

äußerer Kehlkopfmuskel

VERRÜCKT!

Gibt es Muscheln in der Nase?

Unsere Nase wird durch eine Nasenscheidewand in zwei Nasenhöhlen getrennt. In jeder Nasenhöhle befinden sich drei knöcherne Vorwölbungen, die mit Schleimhaut überzogen sind. Sie heißen obere, mittlere und untere Nasenmuschel.

Töne, Töne, Töne

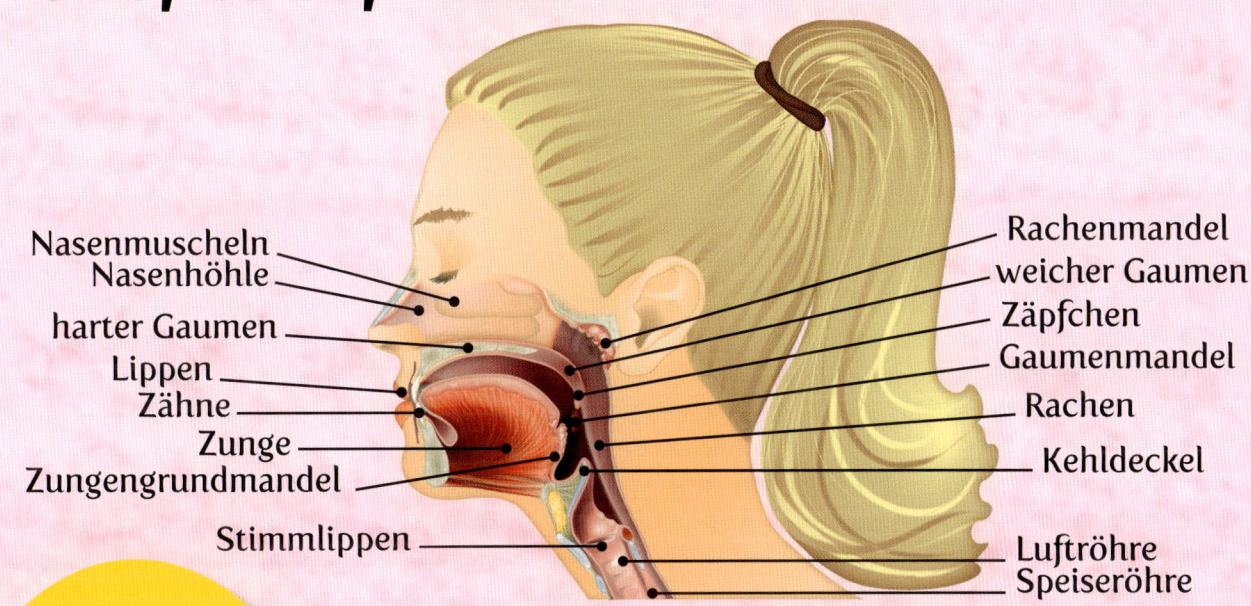

Nasenmuscheln
Nasenhöhle
harter Gaumen
Lippen
Zähne
Zunge
Zungengrundmandel
Stimmlippen

Rachenmandel
weicher Gaumen
Zäpfchen
Gaumenmandel
Rachen
Kehldeckel
Luftröhre
Speiseröhre

Der Kehlkopf

Der Kehlkopf befindet sich zwischen Rachen und Luftröhre. Er ist mit dem Zungenbein verbunden und setzt sich aus Schildknorpel, Ringknorpel und Kehldeckel zusammen. Der Kehldeckel verschließt den Kehlkopf beim Schlucken und verhindert, dass Speisen oder Getränke in die Luftröhre gelangen. Doch der Kehlkopf hat noch eine weitere wichtige Aufgabe: Er ermöglicht uns mithilfe der Stimmlippen zu sprechen.

Wie entstehen Töne?

Im Inneren unseres Kehlkopfes befinden sich die Stimmlippen. Diese können durch Muskeln und kleine Stellknorpel bewegt werden. Beim Atmen sind unsere Stimmlippen offen, die Luft kann ungehindert durch die Stimmritze strömen. Beim Sprechen schließen wir unsere Stimmlippen. Nun bringt die Luft, die beim Ausatmen vorbeistreicht, die Stimmlippen zum Schwingen. Je nachdem, wie schnell sie schwingen, können wir unterschiedlich hohe Töne erzeugen.

Adamsapfel

Besonders bei Männern ist er vorne am Hals gut zu erkennen: der Adamsapfel. Natürlich handelt es sich hier nicht um einen Apfel. Es ist die Vorderseite des Schildknorpels, die in der Geschlechtsreife deutlicher hervortritt. Der Kehlkopf wächst nämlich in dieser Zeit und auch die Stimmlippen werden länger. Da der Kehlkopf bei Jungen stärker wächst als bei Mädchen, bekommen sie eine tiefere Stimme. Man nennt dies Stimmbruch.

Atmen   Stimmbildung

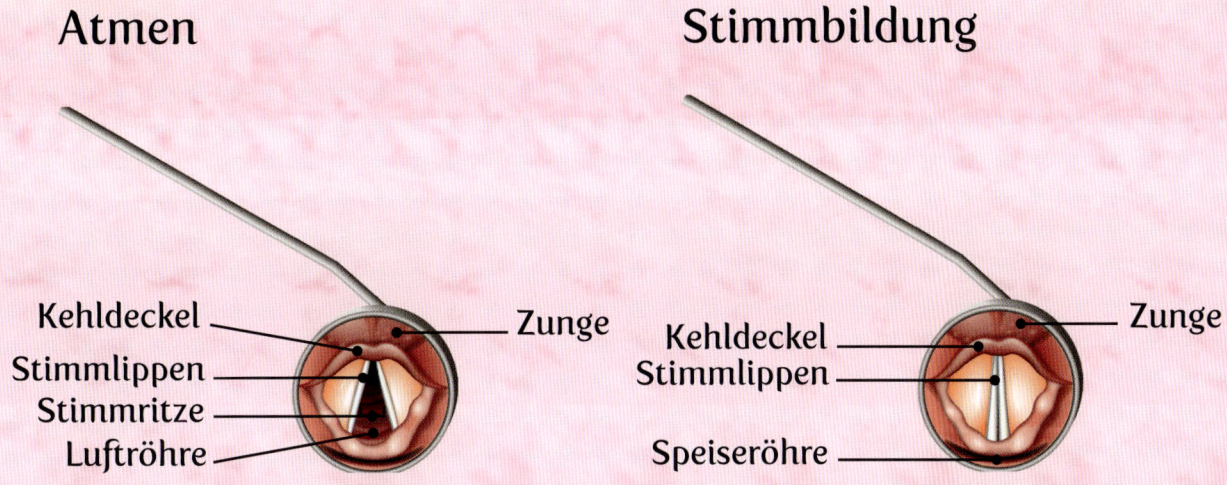

Kehldeckel
Stimmlippen
Stimmritze
Luftröhre
Zunge

Kehldeckel
Stimmlippen
Speiseröhre
Zunge

Biegsam und doch stark

Ein guter Platz für empfindliche Organe

Der Brustkorb umschließt sicher das Herz und die Lungen. Er setzt sich aus dem Brustbein, den zwölf Rippen und der Brustwirbelsäule zusammen. Die Rippen bestehen neben dem Knochen auch aus Knorpel. Deshalb sind sie sehr biegsam und brechen nicht so leicht. Zwischen den Rippen befinden sich Muskeln. Zusammen mit dem Zwerchfell sind sie der wichtigste Teil der Atemmuskulatur.

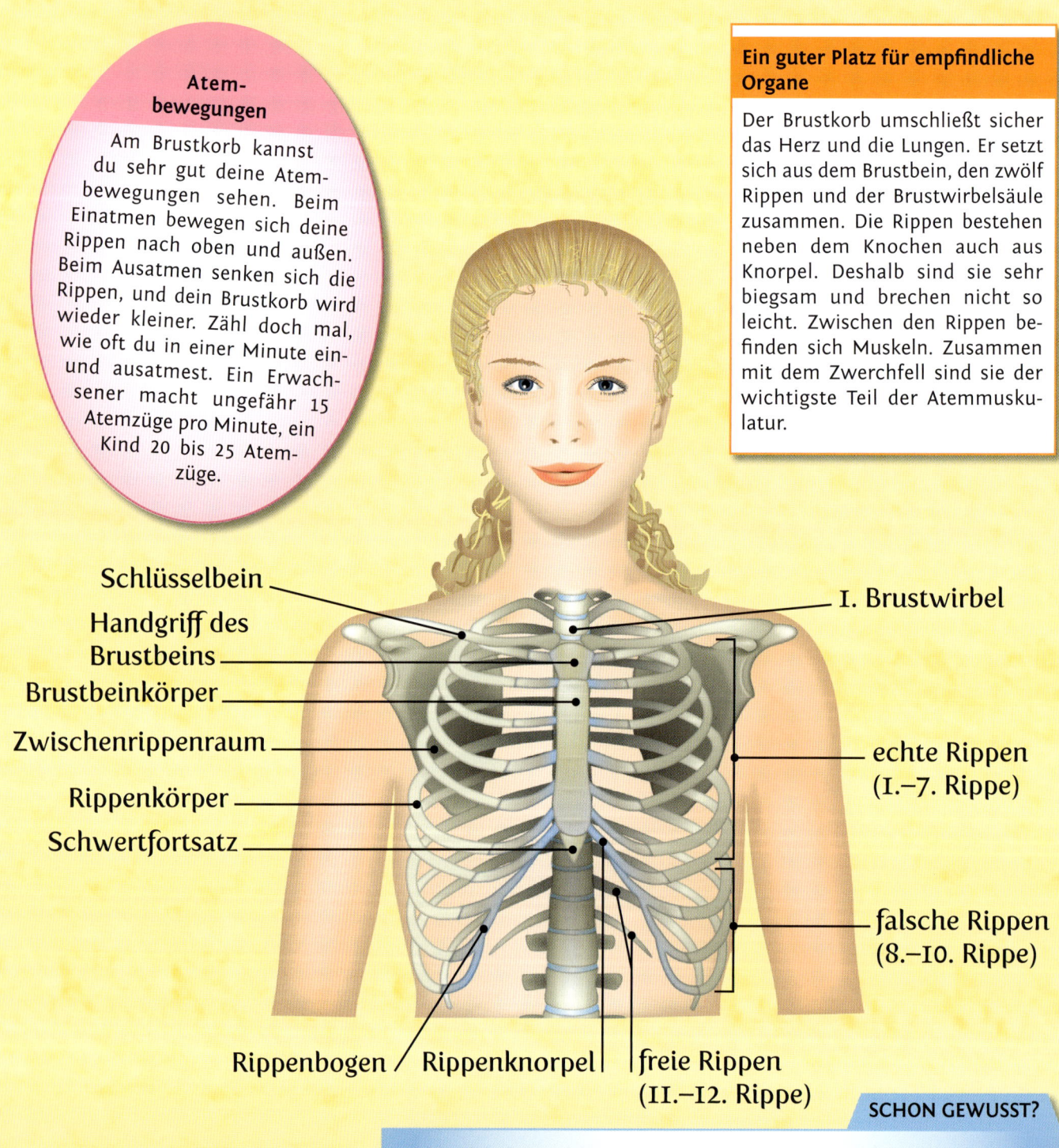

Schlüsselbein

Handgriff des Brustbeins

Brustbeinkörper

Zwischenrippenraum

Rippenkörper

Schwertfortsatz

I. Brustwirbel

echte Rippen (I.–7. Rippe)

falsche Rippen (8.–IO. Rippe)

Rippenbogen / Rippenknorpel

freie Rippen (II.–I2. Rippe)

SCHON GEWUSST?

Echte, falsche und freie Rippen

Die oberen sieben Rippen sind über den Rippenknorpel direkt mit dem Brustbein verbunden. Man nennt sie die echten Rippen. Die achte, neunte und zehnte Rippe erreichen nur über den knorpeligen Rippenbogen das Brustbein. Sie heißen falsche Rippen. Die beiden untersten Rippen, die keine Verbindung zum Brustbein haben, sind freie Rippen.

In Inneren des Brustkorbs

Der Raum, der vom knöchernen Brustkorb umschlossen wird, heißt Brusthöhle. Hier befindet sich nicht ganz in der Mitte, sondern etwas auf die linke Seite verschoben, das Herz. Es ist eingebettet zwischen den beiden Lungenflügeln. Auch die Luft- und Speiseröhre, die Aorta und die Hohlvenen laufen durch die Brusthöhle. Nach unten bildet das Zwerchfell die Abgrenzung zur Bauchhöhle.

Wichtigster Atemmuskel

Das Zwerchfell ist eine Platte aus Muskeln und Sehnen, die wie eine Kuppel unter den Lungen entlang verläuft. Durch das Zusammenziehen der Muskeln wird das Zwerchfell nach unten gezogen und der Brustraum mit den Lungen weitet sich. In den Lungen entsteht dadurch ein Unterdruck und Luft strömt in die Atemwege. Bei der Ausatmung erschlafft die Zwerchfellmuskulatur und drückt die Lungen nach oben. Die Luft wird wieder hinausgepresst.

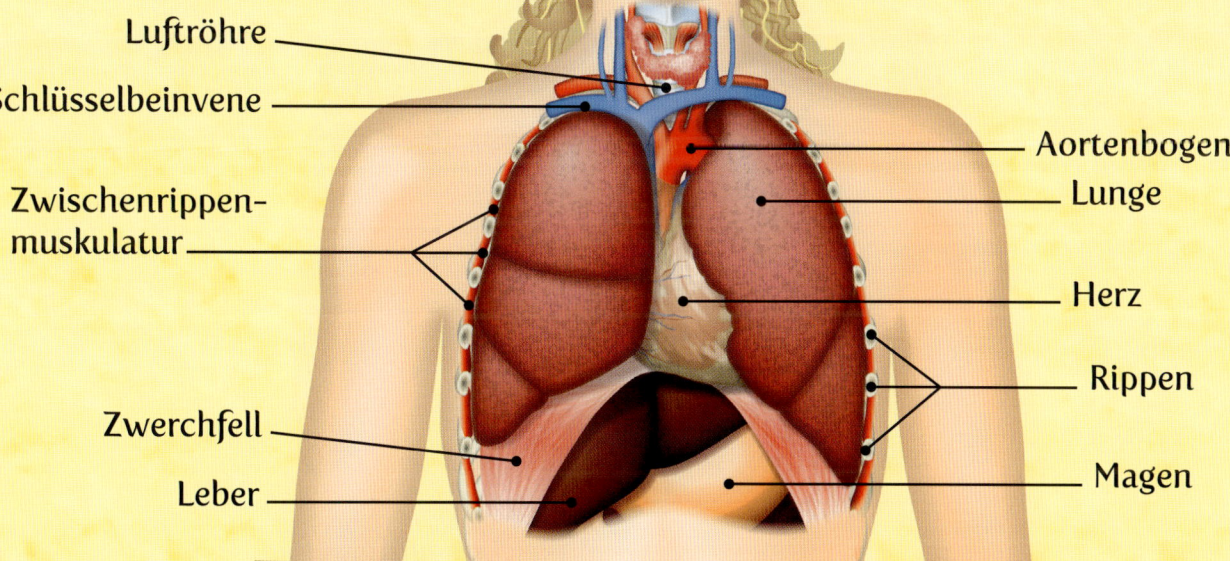

Luftröhre

Schlüsselbeinvene

Zwischenrippen-muskulatur

Zwerchfell

Leber

Aortenbogen

Lunge

Herz

Rippen

Magen

SPANNEND!

Schluckauf

Verkrampfen sich die Muskeln im Zwerchfell, zeigt sich das in Form eines Schluckaufs. Weil sich gleichzeitig die Stimmbänder verschließen, kommt es zum typischen Hicksen. Ein Schluckauf ist harmlos und vergeht nach einiger Zeit wieder. Sogar schon Babys im Mutterleib können einen solchen Hickser haben.

Tief Luft holen!

Von Flügeln und Lappen

Die Lunge besteht aus zwei Lungenflügeln und füllt den Großteil des Brustkorbs aus. Der rechte Lungenflügel ist in drei Lungenlappen, der linke Lungenflügel in zwei Lappen unterteilt. Die Lungen sind von einer glatten Haut, dem Lungenfell, überzogen.

Der Bronchialbaum

Über die Luftröhre wird der Atem vom Kehlkopf weiter zu den Lungen transportiert. Hufeisenförmige Knorpelspangen in der Wand der Luftröhre sorgen dafür, dass der Durchgang für die Luft immer offen bleibt. Die Luftröhre teilt sich in die beiden Hauptbronchien, die sich in immer kleinere Äste weiterverzweigen. Ganz am Ende befinden sich die Bronchiolen mit den winzigen Lungenbläschen, auch Alveolen genannt.

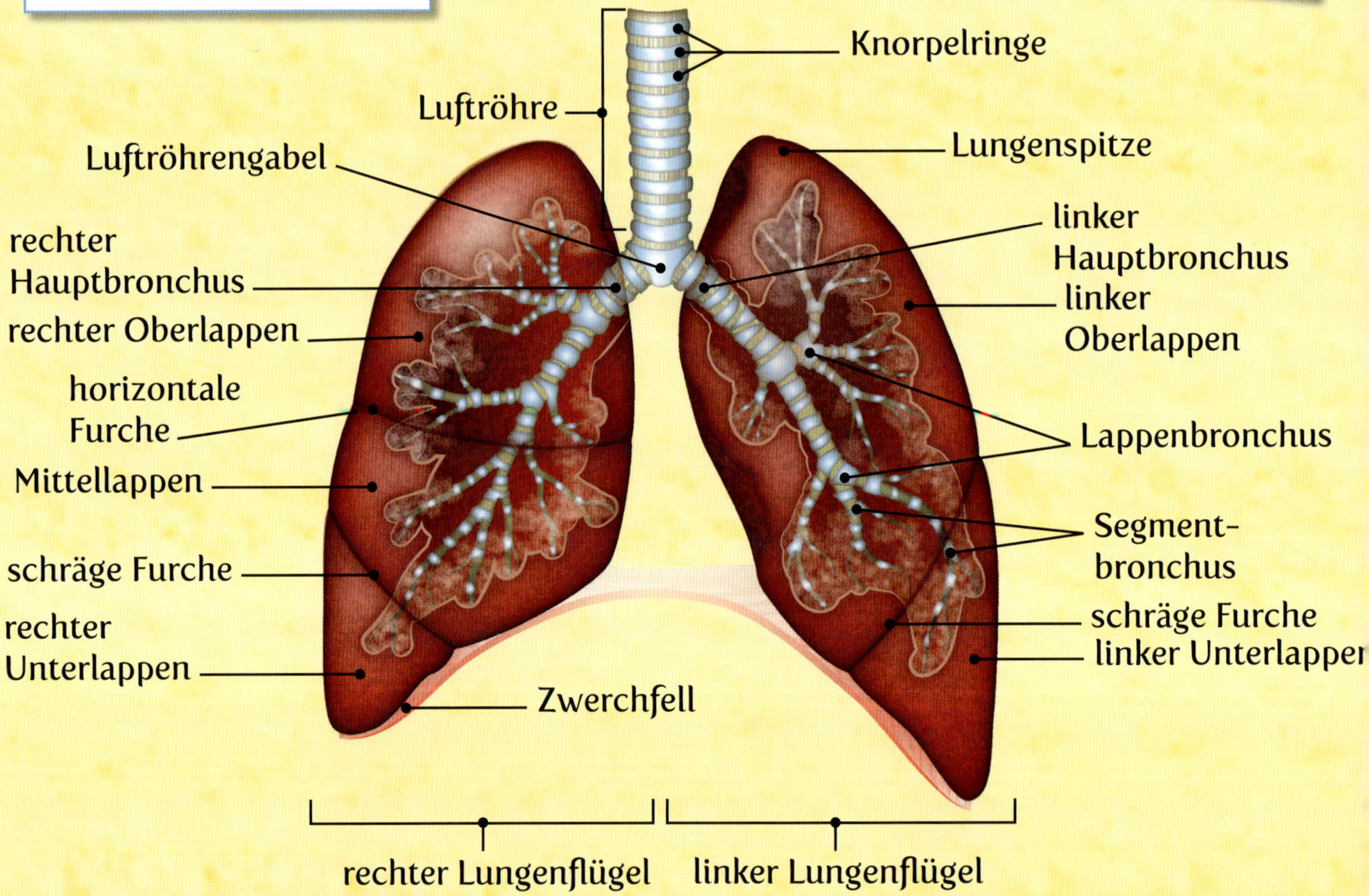

Knorpelringe

Luftröhre

Lungenspitze

Luftröhrengabel

linker Hauptbronchus

rechter Hauptbronchus

linker Oberlappen

rechter Oberlappen

Lappenbronchus

horizontale Furche

Mittellappen

Segmentbronchus

schräge Furche

schräge Furche

rechter Unterlappen

linker Unterlappen

Zwerchfell

rechter Lungenflügel   linker Lungenflügel

Was ist eine Lungenentzündung?

Erreger wie Bakterien oder Viren können eine Entzündung des Lungengewebes verursachen. Man spricht dann von einer Lungenentzündung oder Pneumonie. Die Kranken leiden an hohem Fieber, quälendem Husten und bekommen schwerer Luft. Eine Lungenentzündung ist gefährlich und muss unbedingt von einem Arzt behandelt werden.

Endbronchiole

Lungenkapillarnetz

Lungenbläschen

Sauerstoff bindet sich an die roten Blutkörperchen

rotes Blutkörperchen

Einatemluft

sauerstoffreiches Blut

Lungenbläschen

Kohlendioxid tritt aus dem Blut in die Ausatemluft

Ausatemluft

kohlendioxidhaltiges Blut

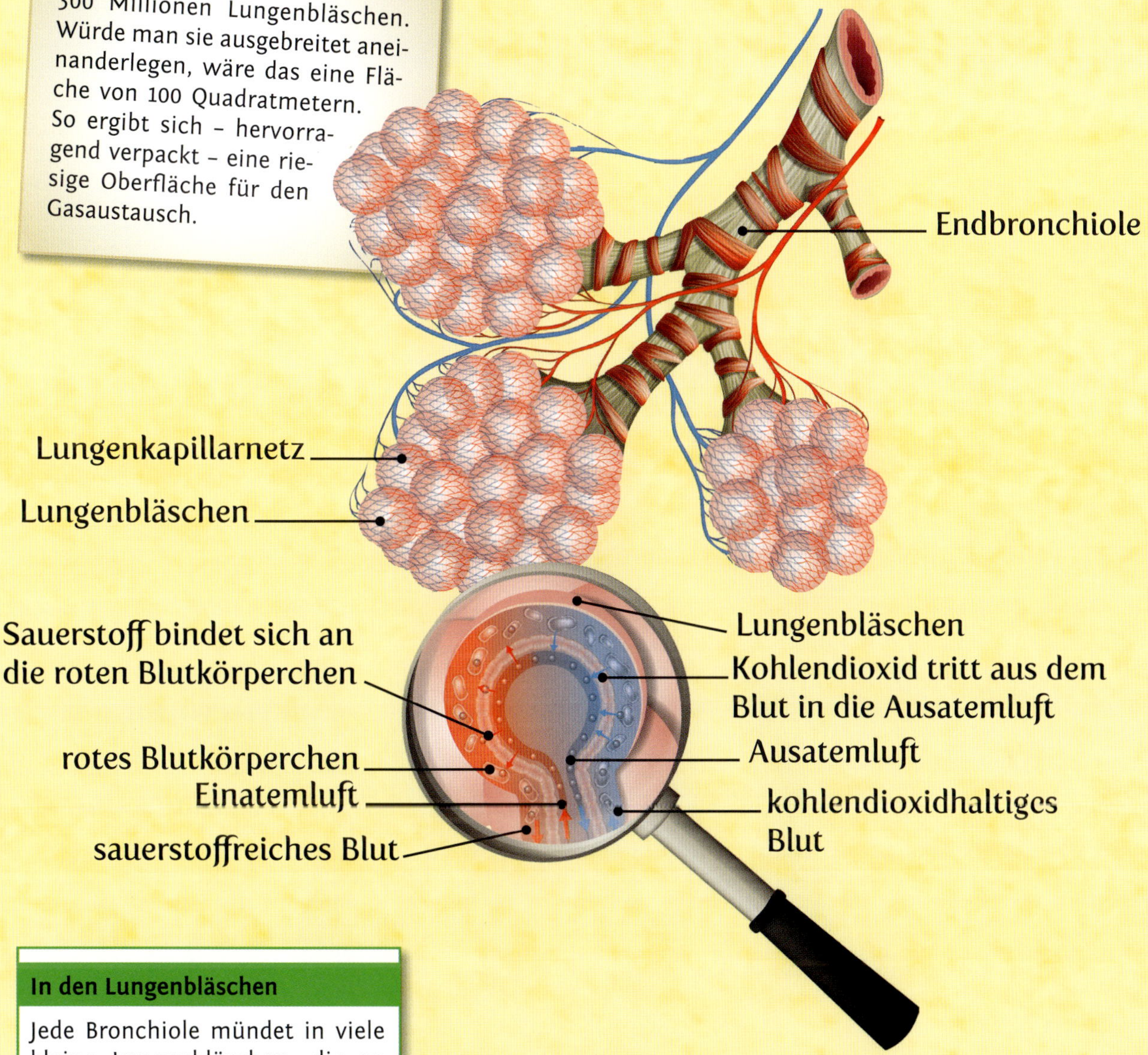

In den Lungenbläschen

Jede Bronchiole mündet in viele kleine Lungenbläschen, die so ähnlich aussehen wie Weintrauben. Sie sind von einem Geflecht feinster Blutgefäße, den Kapillaren, umgeben. Hier findet der sogenannte Gasaustausch statt. Dabei wird der Sauerstoff der Atemluft aus den Lungenbläschen ins Blut aufgenommen und mithilfe der roten Blutkörperchen zu den Zellen im Körper transportiert. Gleichzeitig wird Kohlendioxid, ein Gas, das unser Körper nicht braucht, aus dem Blut in die Lungenbläschen abgegeben. Die verbrauchte Luft wird ausgeatmet.

Der Motor im Körper

Ein Muskel mit Hohlräumen

Dein Herz ist etwa so groß wie deine Faust und pumpt ohne Pause Blut durch den Körper. Es besteht aus einer rechten und linken Hälfte, die durch die Herzscheidewand voneinander getrennt sind. Auf jeder Seite befinden sich ein kleiner Vorhof und eine große Kammer. Das Herz ist ein kräftiger Muskel, der sich rhythmisch zusammenzieht und so das Blut aus den Hohlräumen weiterpresst.

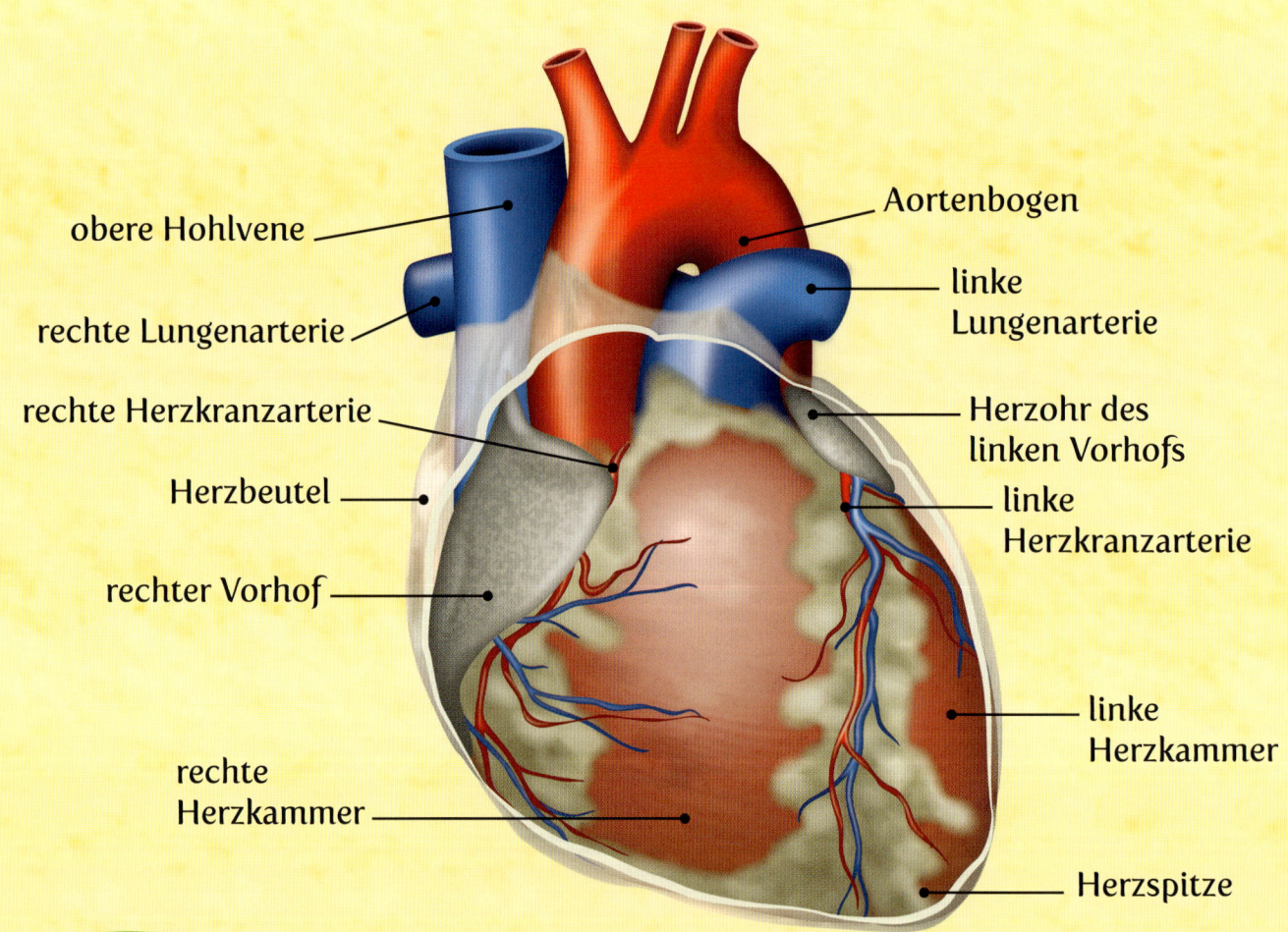

obere Hohlvene

rechte Lungenarterie

rechte Herzkranzarterie

Herzbeutel

rechter Vorhof

rechte Herzkammer

Aortenbogen

linke Lungenarterie

Herzohr des linken Vorhofs

linke Herzkranzarterie

linke Herzkammer

Herzspitze

Herzkranzgefäße

Das Herz arbeitet ununterbrochen, den ganzen Tag und die ganze Nacht. Dafür braucht der Herzmuskel – wie alle Zellen des Körpers – Sauerstoff und Nährstoffe, um genügend Energie zu erzeugen. Er hat deshalb seine eigene Blutversorgung, die sogenannten Herzkranzgefäße.

SPANNEND!

Wie oft schlägt dein Herz?

Das Herz eines Kindes schlägt etwa 80 bis 100 Mal in einer Minute, das Herz eines Erwachsenen dagegen nur 60 bis 70 Mal. Wenn du dich anstrengst, klopft es natürlich viel schneller, weil mehr Blut durch deinen Körper gepumpt werden muss. Zähle doch selbst einmal deinen Herzschlag. Dafür tastest du am besten deinen Puls seitlich am Hals und zählst eine Minute lang das Pochen.

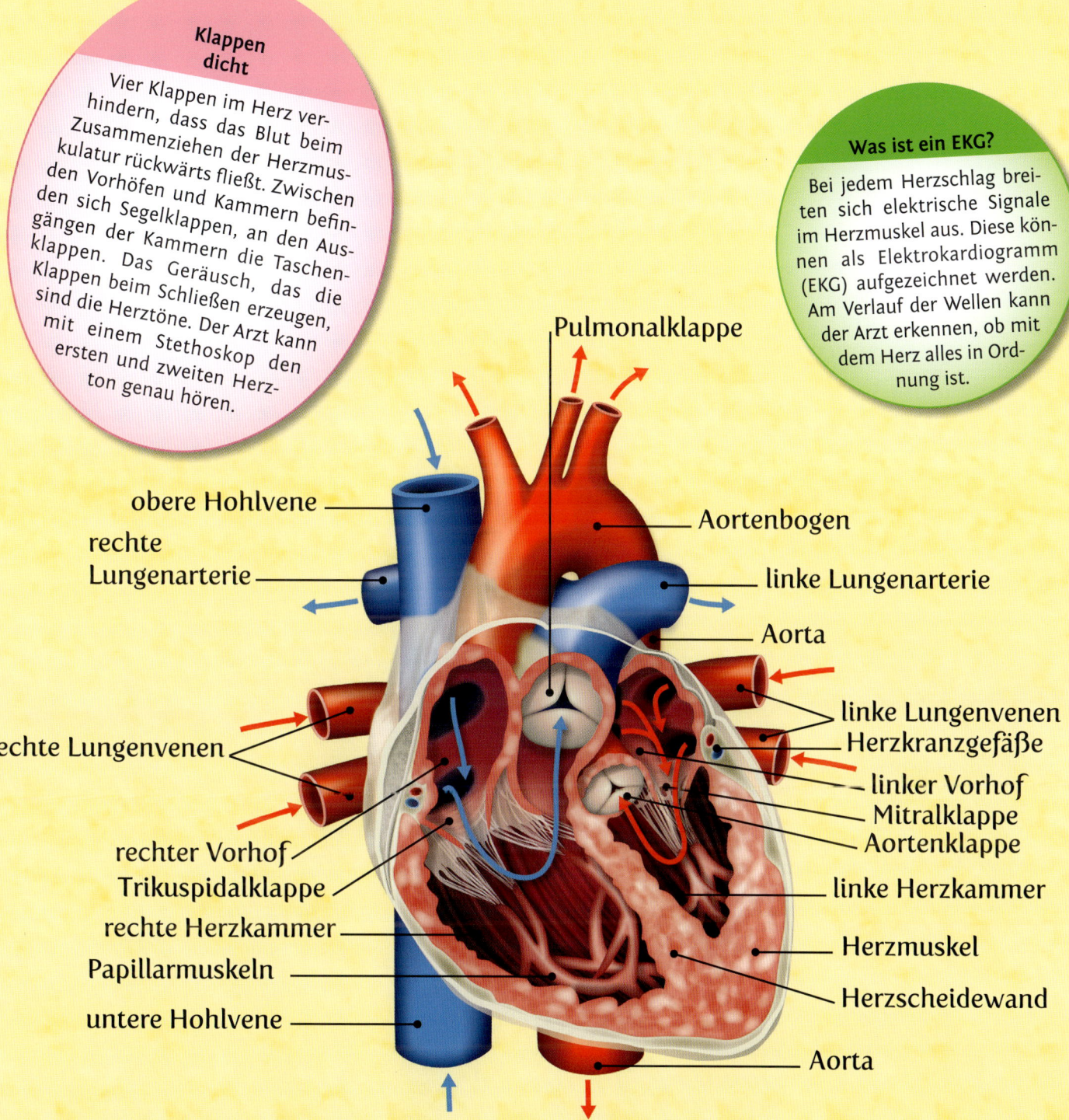

Klappen dicht

Vier Klappen im Herz verhindern, dass das Blut beim Zusammenziehen der Herzmuskulatur rückwärts fließt. Zwischen den Vorhöfen und Kammern befinden sich Segelklappen, an den Ausgängen der Kammern die Taschenklappen. Das Geräusch, das die Klappen beim Schließen erzeugen, sind die Herztöne. Der Arzt kann mit einem Stethoskop den ersten und zweiten Herzton genau hören.

Was ist ein EKG?

Bei jedem Herzschlag breiten sich elektrische Signale im Herzmuskel aus. Diese können als Elektrokardiogramm (EKG) aufgezeichnet werden. Am Verlauf der Wellen kann der Arzt erkennen, ob mit dem Herz alles in Ordnung ist.

Pulmonalklappe

obere Hohlvene

rechte Lungenarterie

Aortenbogen

linke Lungenarterie

Aorta

rechte Lungenvenen

linke Lungenvenen

Herzkranzgefäße

rechter Vorhof

linker Vorhof

Trikuspidalklappe

Mitralklappe

Aortenklappe

rechte Herzkammer

linke Herzkammer

Papillarmuskeln

Herzmuskel

untere Hohlvene

Herzscheidewand

Aorta

Wie fließt das Blut durchs Herz?

Das sauerstoffarme Blut aus dem Körper fließt über Venen zurück zum Herz. Über die obere Hohlvene gelangt das Blut der oberen Körperhälfte, über die untere Hohlvene das Blut der unteren Körperhälfte in den rechten Vorhof des Herzens. Von dort strömt es in die rechte Kammer und wird vom Herzmuskel über die Lungenarterien in die Lunge gepresst, wo der Gasaustausch stattfindet. Angereichert mit Sauerstoff kommt das Blut nun über die Lungenvenen in den linken Vorhof und weiter in die linke Kammer. Hier ist die Muskelwand besonders kräftig ausgebildet. Mit viel Druck wird das Blut beim Zusammenziehen des Herzmuskels aus der linken Kammer in die Hauptschlagader, die Aorta, ausgeworfen und über die Arterien weiter im Körper verteilt.

Der Kreislauf des Blutes

Blutdruck

Der Blutdruck bezeichnet den Druck des Blutes in den Gefäßen. Er wird mit einer Blutdruckmanschette gemessen und in einer besonderen Einheit, nämlich in Millimetern Quecksilbersäule, angegeben. Bei Aufregung und körperlicher Anstrengung steigt der Blutdruck, im Schlaf ist er deutlich niedriger.

WISSENSWERT!

Wie viel Blut fließt durch unseren Körper?

Abhängig vom Körpergewicht fließen bei einem Erwachsenen ungefähr fünf bis sechs Liter Blut durch den Körper. Bei einem Schulkind sind es zwischen zwei und drei Liter.

Arterien und Venen

Ein weit verzweigtes Netz von Gefäßen transportiert das Blut zu jeder einzelnen Zelle deines Körpers. Das sauerstoffreiche Blut wird aus dem Herz in die Hauptschlagader, die Aorta, gepumpt. Dann strömt es in die Arterien und wird weiter in die noch kleineren Arteriolen verteilt. Zuletzt gelangt es im Gewebe in die feinen Haargefäße, auch Kapillaren genannt. Hier wird der Sauerstoff an die Zellen abgegeben und das Abfallprodukt Kohlendioxid in die Venolen aufgenommen. Nun beginnt der Weg des Blutes über die Venen zurück zum Herz.

Bildbeschriftungen:
- obere Hohlvene
- Aortenbogen
- Cephalvene
- Basilicavene
- Truncus Coeliacus
- obere Mesenterialarterie
- Nierenarterie
- Bauchaorta
- untere Mesenterialarterie
- Schlüsselbeinarterie
- Achselarterie
- Oberarmarterie
- untere Hohlvene
- Nierenvene
- Speichenarterie
- Ellenarterie
- Beckenarterie
- Beckenvene

tiefe Beinvenen

Saphena magna Vene

Wo wird Blut abgenommen?

Am liebsten nehmen Ärzte aus einer Vene in der Ellenbeuge Blut ab. Dafür wird zuerst ein Band fest um den Oberarm gebunden, um das Blut zu stauen. Dadurch treten die oberflächlichen Venen hervor und werden gut sichtbar. Nun kann mit einer keimfreien Nadel und einer Spritze das Blut entnommen werden.

Die Gefäßwände

Die Wände der Arterien und Venen sind unterschiedlich aufgebaut. Bei den Arterien sind sie dehnbar und stark. So können sie dem hohen Druck, mit dem das Blut bei jedem Herzschlag weiterbefördert wird, Widerstand leisten. Die Wände der Venen sind dünner, denn das Blut strömt hier mit niedrigem Druck zum Herzen zurück. In den Venen befinden sich zusätzlich noch Klappen, die verhindern, dass das Blut rückwärtsfließt.

vordere Schienbeinarterie

hintere Schienbeinarterie

Bogenarterie des Fußes

Oberschenkelarterie

Was sind Krampfadern?

Hast du bei älteren Menschen schon einmal Krampfadern gesehen? Durch eine Schwäche in den Wänden können sich die Venen erweitern. Die Venenklappen schließen nicht mehr richtig und das Blut staut sich zurück. Es entstehen sogenannte Krampfadern, die schlangenförmig und knotig unter der Haut des Beins hervorscheinen.

Der Saft des Lebens

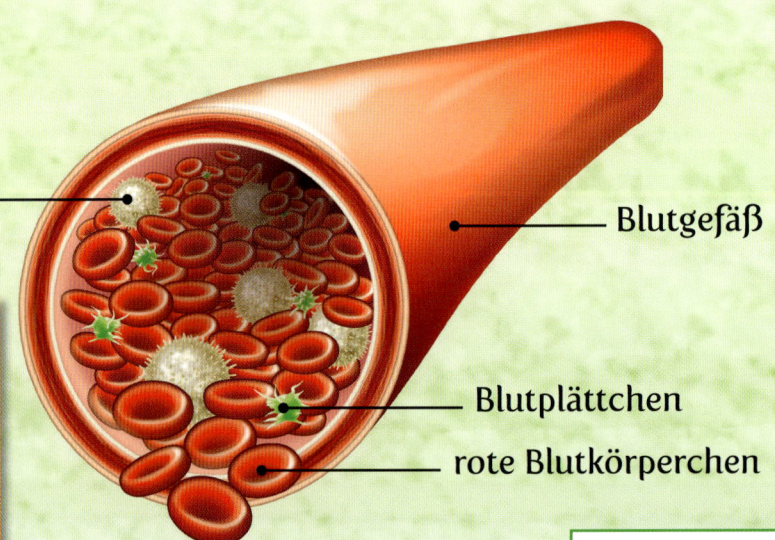

weiße Blutkörperchen

Blutgefäß

Blutplättchen

rote Blutkörperchen

Die Bestandteile des Blutes

Unser Blut besteht zur Hälfte aus einer Flüssigkeit, die in der Fachsprache Plasma genannt wird. Das Plasma setzt sich zum größten Teil aus Wasser und zu etwa zehn Prozent aus Nährstoffen, Eiweiß und Abbauprodukten zusammen. Im Plasma schwimmen die verschiedenen Blutkörperchen. Man unterscheidet die roten und weißen Blutkörperchen und die Blutplättchen. Sie erfüllen unterschiedliche Aufgaben in unserem Körper.

Die roten Blutkörperchen

Die roten Blutkörperchen sind am häufigsten im Blut vorhanden. Sie heißen auch Erythrozyten und sehen wie runde Scheiben aus, die in der Mitte leicht eingedellt sind. Die Erythrozyten enthalten das Hämoglobin, den roten Blutfarbstoff. An diesen wird in der Lunge der Sauerstoff gebunden und zu den Körperzellen transportiert. Erythrozyten werden im Knochenmark gebildet und haben eine Lebensdauer von ungefähr 120 Tagen.

rote Blutkörperchen
(Erythrozyten)

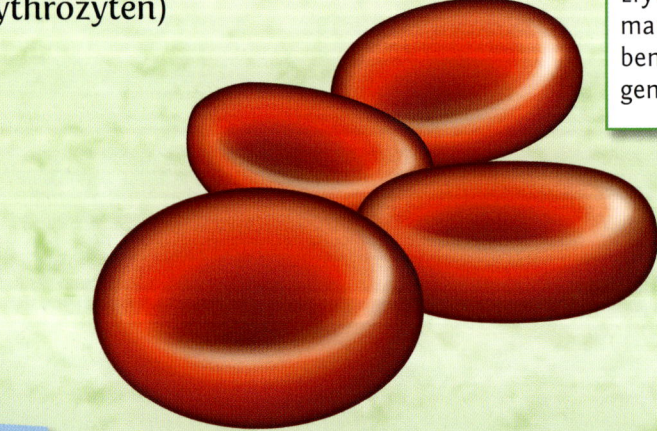

SPANNEND!

Kannst du dir einen winzig kleinen Würfel mit einer Kantenlänge von einem Millimeter vorstellen? In so einen Würfel passt ein Mikroliter Blut. Und nun kommt das Unglaubliche: In einem Mikroliter Blut sind ca. fünf Millionen rote Blutkörperchen, 5000 bis 10.000 weiße Blutkörperchen und 150.000 bis 300.000 Blutplättchen. Ist das nicht unfassbar?

weiße Blutkörperchen
(Leukozyten)

Blutplättchen
(Thrombozyten)

Die weißen Blutkörperchen

Die weißen Blutkörperchen nennt man auch Leukozyten. Zu ihnen gehören die Granulozyten, die Lymphozyten und die Monozyten. Die weißen Blutkörperchen sind wichtig für unsere Immunabwehr. Sie bekämpfen Krankheitserreger wie Viren, Bakterien und Pilze, die in unseren Körper eingedrungen sind, und schützen uns vor Infektionen. Die weißen Blutkörperchen werden Im Knochenmark gebildet.

Die Blutplättchen

Die kleinsten Zellen im Blut sind die Blutplättchen oder Thrombozyten. Sie entstehen im Knochenmark und leben im Durchschnitt etwa sieben Tage. Bei der Verletzung eines Gefäßes sind die Blutplättchen für die Blutgerinnung und den Wundverschluss wichtig.

WISSENSWERT!

So heilen Wunden!

Wenn du dich in den Finger schneidest, zieht sich zuerst das verletzte Gefäß zusammen, damit weniger Blut aus der Wunde austritt. Blutplättchen lagern sich an die Wundränder und vernetzen sich miteinander. Nun sorgen Eiweißstoffe im Blut dafür, dass sich Blutplättchen und rote Blutkörperchen zu einem festen Blutgerinnsel verbinden. Ist die Wunde endgültig verheilt, fällt der Schorf ab.

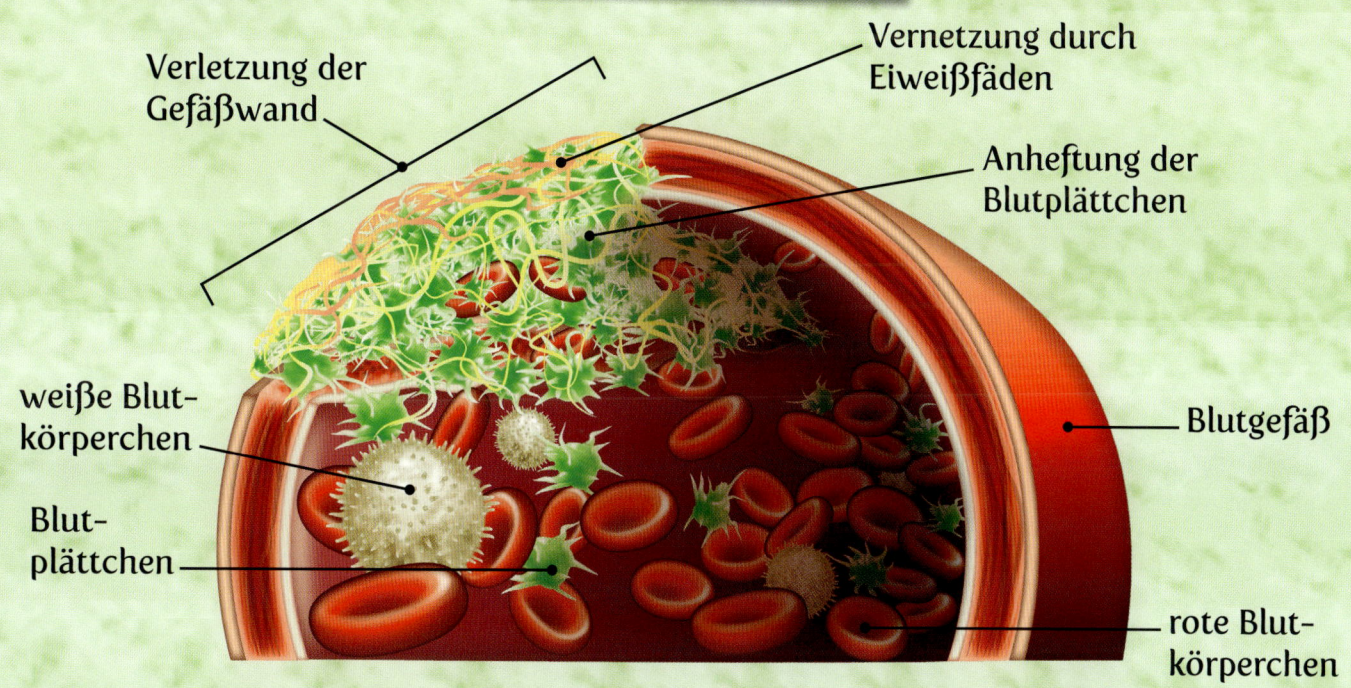

Verletzung der Gefäßwand

Vernetzung durch Eiweißfäden

Anheftung der Blutplättchen

weiße Blutkörperchen

Blutplättchen

Blutgefäß

rote Blutkörperchen

Immunabwehr und Blutgruppen

Granulozyt

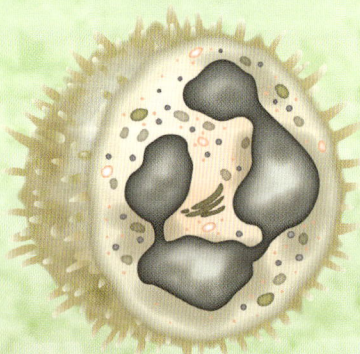

Der Kampf gegen Krankheitserreger

Ständig versuchen Krankheitserreger, in unseren Körper einzudringen. Zum Glück halten unsere Haut, unser Speichel, der Schleim in unserer Nase und die Magensäure viele Eindringlinge ab. Gelangen aber doch Bakterien oder Viren in unseren Körper, werden die weißen Blutkörperchen aktiv. Sie bekämpfen auf verschiedene Weise die Krankheitserreger.

Monozyt

Die Granulozyten

Granulozyten bilden den größten Anteil unter den weißen Blutkörperchen. Sie können aus dem Blutgefäß ins Gewebe wandern und dort Bakterien „auffressen". Ist bei einer Blutuntersuchung die Anzahl der Granulozyten deutlich erhöht, ist das ein Hinweis auf eine bakterielle Infektion.

Lymphozyt

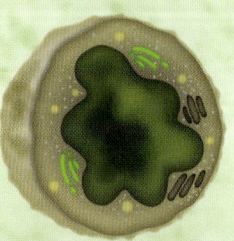

Die Lymphozyten

Die Lymphozyten sind die kleinsten weißen Blutkörperchen. Wenn die sogenannten B-Lymphozyten Krankheitserreger, wie zum Beispiel Viren, aufgespürt haben, stellen sie Antikörper gegen diese her. Die Antikörper halten sich an den Viren fest und markieren sie. Jetzt erkennen die Fresszellen den Erreger und zerstören ihn.

Die Monozyten

Die Monozyten sind die größten weißen Blutkörperchen. Wie die Granulozyten können sie ins Gewebe wandern. Dort umhüllen sie die Krankheitserreger, nehmen sie in sich auf und verdauen sie.

Das AB0-Blutgruppensystem

Jeder Mensch hat eine ganz bestimmte Blutgruppe. Etwa die Hälfte der Bevölkerung hat die Blutgruppe A, knapp gefolgt von der Blutgruppe 0. Seltener sind die Blutgruppe B und AB. Die Blutgruppe wird durch bestimmte Marker auf den roten Blutkörperchen festgelegt. In der Fachsprache heißen sie Antigene. Hat ein Mensch die Blutgruppe A, dann sitzen auf der Oberfläche der Erythrozyten A-Antigene. Gegen die Blutgruppe B bildet er hingegen Anti-B-Antikörper aus. Bei der Blutgruppe 0 sind die roten Blutkörperchen frei von Antigenen. Allerdings enthält das Blutplasma zwei Antikörper, nämlich Anti-A-Antikörper und Anti-B-Antikörper.

Blutgruppe A

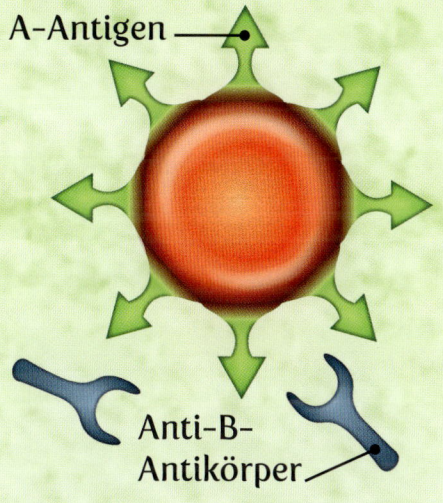

A-Antigen

Anti-B-Antikörper

Blutgruppe B

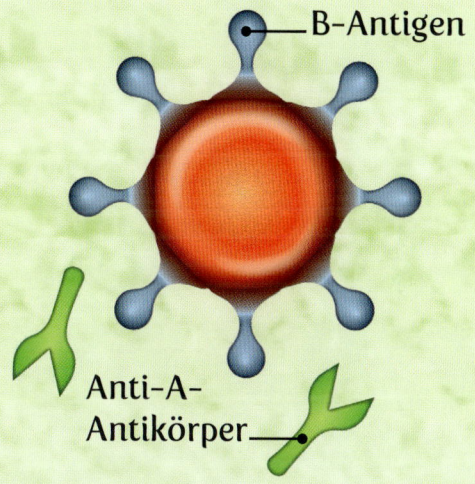

B-Antigen

Anti-A-Antikörper

Blutgruppe AB

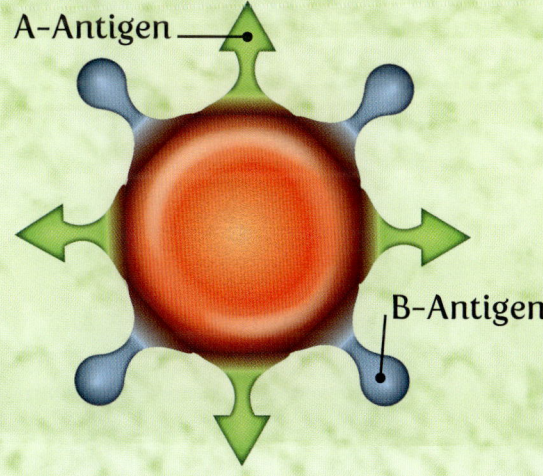

A-Antigen

B-Antigen

Blutgruppe 0

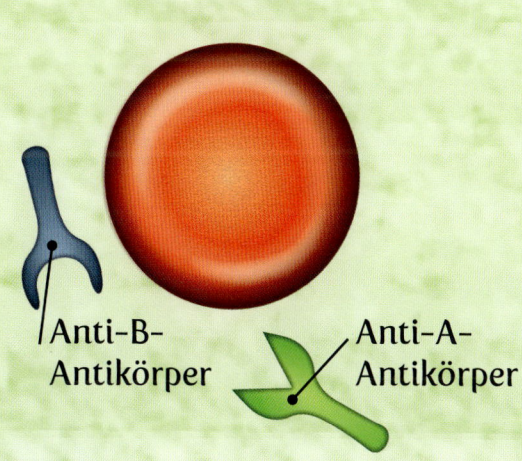

Anti-B-Antikörper

Anti-A-Antikörper

WISSENSWERT!

Bluttransfusionen

Wenn ein Mensch bei einem Unfall oder einer Operation stark geblutet hat, muss ihm manchmal fremdes Blut gegeben werden. Man nennt dies Bluttransfusion. In solch einem Fall ist es sehr wichtig, die Blutgruppe genau zu kennen. Das eigene Blut darf nämlich keine Antikörper gegen das fremde Blut besitzen, sonst verklumpen die Blutkörperchen und es besteht Lebensgefahr.

SPANNEND!

Eine große Entdeckung

Die verschiedenen Blutgruppen wurden Anfang des 20. Jahrhunderts von dem österreichischen Arzt Karl Landsteiner entdeckt. Er erhielt dafür den Nobelpreis für Medizin.

Mund auf und Zähne zeigen!

So viele Zähne!

Die Verdauung unserer Nahrung beginnt bereits im Mund. Hier wird unser Essen mit Speichel angefeuchtet und durch die Zähne zerkleinert. Ein Erwachsener hat insgesamt 32 Zähne. Die acht Schneidezähne sind flach und scharf. Mit ihnen beißen wir Stücke von unserer Nahrung ab. Die vier Eckzähne sind spitz und entsprechen den Fangzähnen der Raubtiere. Hinten im Kiefer befinden sich 20 Backenzähne. Sie sind breit mit einer flachen Kaufläche, um die Nahrung gut zu zermahlen. Die hinteren Backenzähne werden auch Weisheitszähne genannt.

Bleibende Zähne

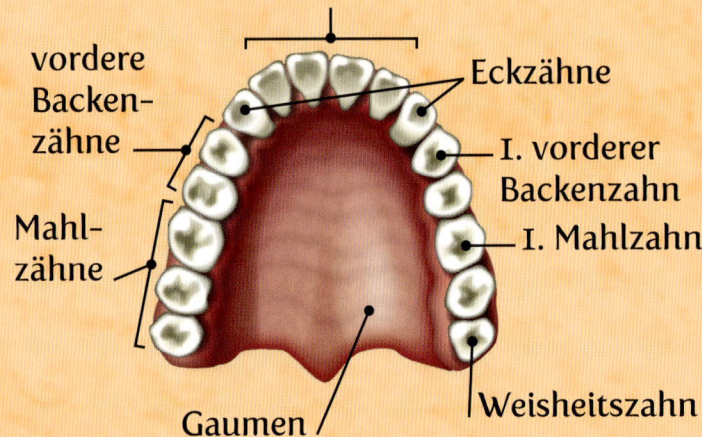

obere Schneidezähne

vordere Backenzähne

Eckzähne

I. vorderer Backenzahn

I. Mahlzahn

Mahlzähne

Gaumen

Weisheitszahn

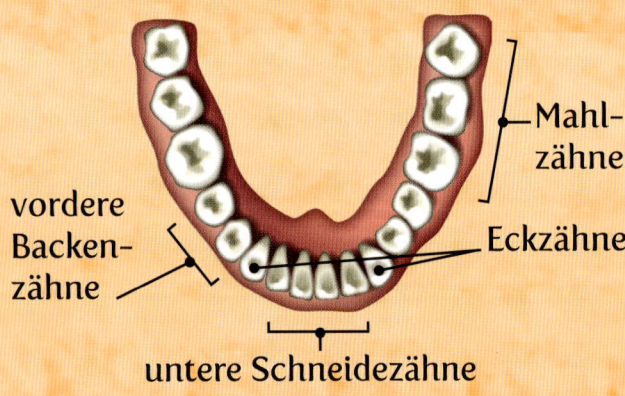

vordere Backenzähne

Mahlzähne

Eckzähne

untere Schneidezähne

Milchzähne

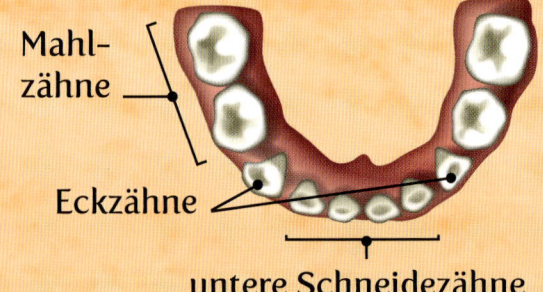

obere Schneidezähne

Eckzähne

Mahlzähne

Gaumen

Mahlzähne

Eckzähne

untere Schneidezähne

VERRÜCKT!

Hexenzahn

Es kommt nur ganz selten vor, aber manchmal hat ein Kind schon bei der Geburt einen Zahn. Dieser voreilige Zahn wird auch Hexenzahn genannt. Da er keine richtige Wurzel besitzt, bleibt er häufig nicht bis zum Zahnwechsel im Kiefer, sondern fällt schon vorher heraus.

Die Milchzähne des Kindes

Wenn ein Kind auf die Welt kommt, hat es noch keine Zähne. Ab dem sechsten Lebensmonat brechen dann die ersten Zähne durch das Zahnfleisch. Man nennt sie Milchzähne. Das Milchgebiss eines Kindes besteht aus insgesamt 20 Zähnen. Dazu gehören acht Schneidezähne, vier Eckzähne und acht Backenzähne. Im Alter von etwa sechs Jahren verliert ein Kind nach und nach seine Milchzähne. Sie werden durch die bleibenden Zähne ersetzt.

Quer durch den Zahn

Der oberste Teil des Zahns, der aus dem Zahnfleisch herausschaut, heißt Zahnkrone. Damit die Krone uns ein Leben lang erhalten bleibt, ist sie mit hartem Zahnschmelz überzogen. Im Zahnfleisch verstecken sich noch der Zahnhals und die Zahnwurzel. Unter dem harten, schützenden Zahnschmelz der Krone befindet sich das sehr viel weichere, empfindliche Zahnbein. In der Mitte des Zahns liegt das Zahnmark. Es ist von Nerven und Blutgefäßen durchzogen und erhält den Zahn am Leben.

Was ist Karies?

Karies heißt auf Deutsch so viel wie Zahnfäulnis. Dabei wird der Zahnschmelz zerstört und das darunter liegende Zahnbein angegriffen. Das geschieht vor allem dann, wenn du viele Süßigkeiten isst und dir nicht oft die Zähne putzt. Pflege deine Zähne also gut, damit du keine Zahnschmerzen bekommst.

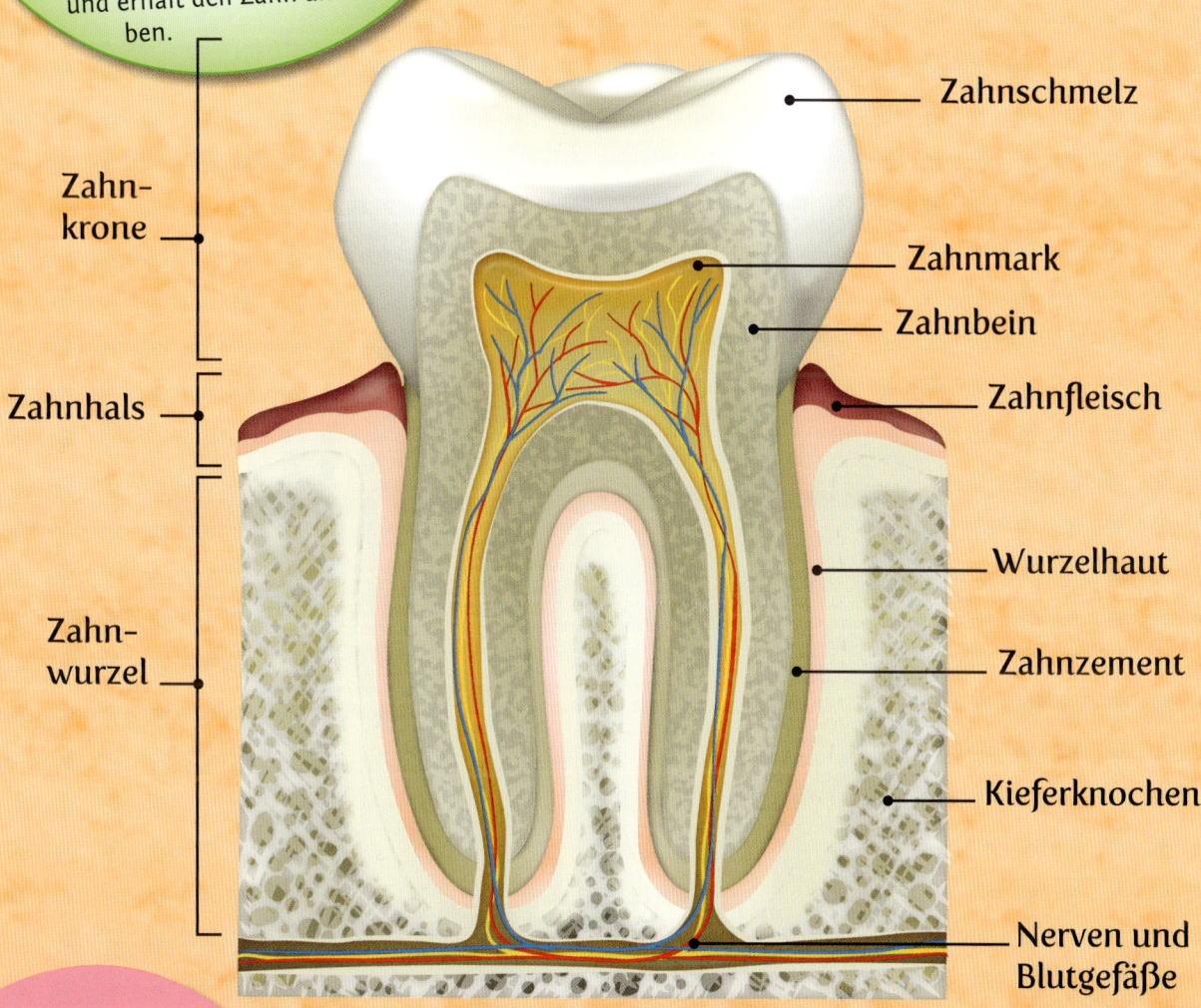

Zahnkrone

Zahnhals

Zahnwurzel

Zahnschmelz

Zahnmark

Zahnbein

Zahnfleisch

Wurzelhaut

Zahnzement

Kieferknochen

Nerven und Blutgefäße

Woher haben die Weisheitszähne ihren Namen?

In früheren Zeiten erreichten die Menschen nicht so ein hohes Lebensalter wie heute. Ein 30-Jähriger galt damals schon als alt und weise. Da die hintersten Backenzähne erst im Erwachsenenalter durchbrechen, hat man ihnen diesen Namen gegeben.

SCHON GEWUSST?

Zahnschmelz – der härteste Stoff im Körper

Der Zahnschmelz ist der härteste Stoff in unserem Körper. Er ist sogar härter als Knochen. Dennoch ist er nicht unzerstörbar. Durch Unfälle oder Karies kann der Zahnschmelz beschädigt werden.

Der Weg der Nahrung

Sag mal Ah!

Öffne vor dem Spiegel einmal weit deinen Mund. Vorn siehst du die Mundhöhle, die von Lippen, Zunge, Wangen und Gaumen begrenzt wird. Das Ende der Mundhöhle bildet der weiche Gaumen mit dem Gaumenzäpfchen. Dahinter beginnt der Rachen. Der Rachen verbindet die Mundhöhle mit der Speise- und der Luftröhre. Sowohl die Atemluft als auch Nahrung und Flüssigkeiten werden durch den Rachen transportiert. Beim Hinunterschlucken werden die Wege zur Nase und zur Luftröhre schnell verschlossen, sonst verschluckst du dich und musst heftig husten.

Woher kommen die Halsschmerzen?

Sicherlich hattest du auch schon einmal Halsschmerzen. Das Schlucken ist dann sehr unangenehm und du willst gar nichts mehr essen. Die Ursache ist eine Entzündung der Rachenschleimhaut. Diese wird durch Krankheitserreger wie Viren oder Bakterien verursacht.

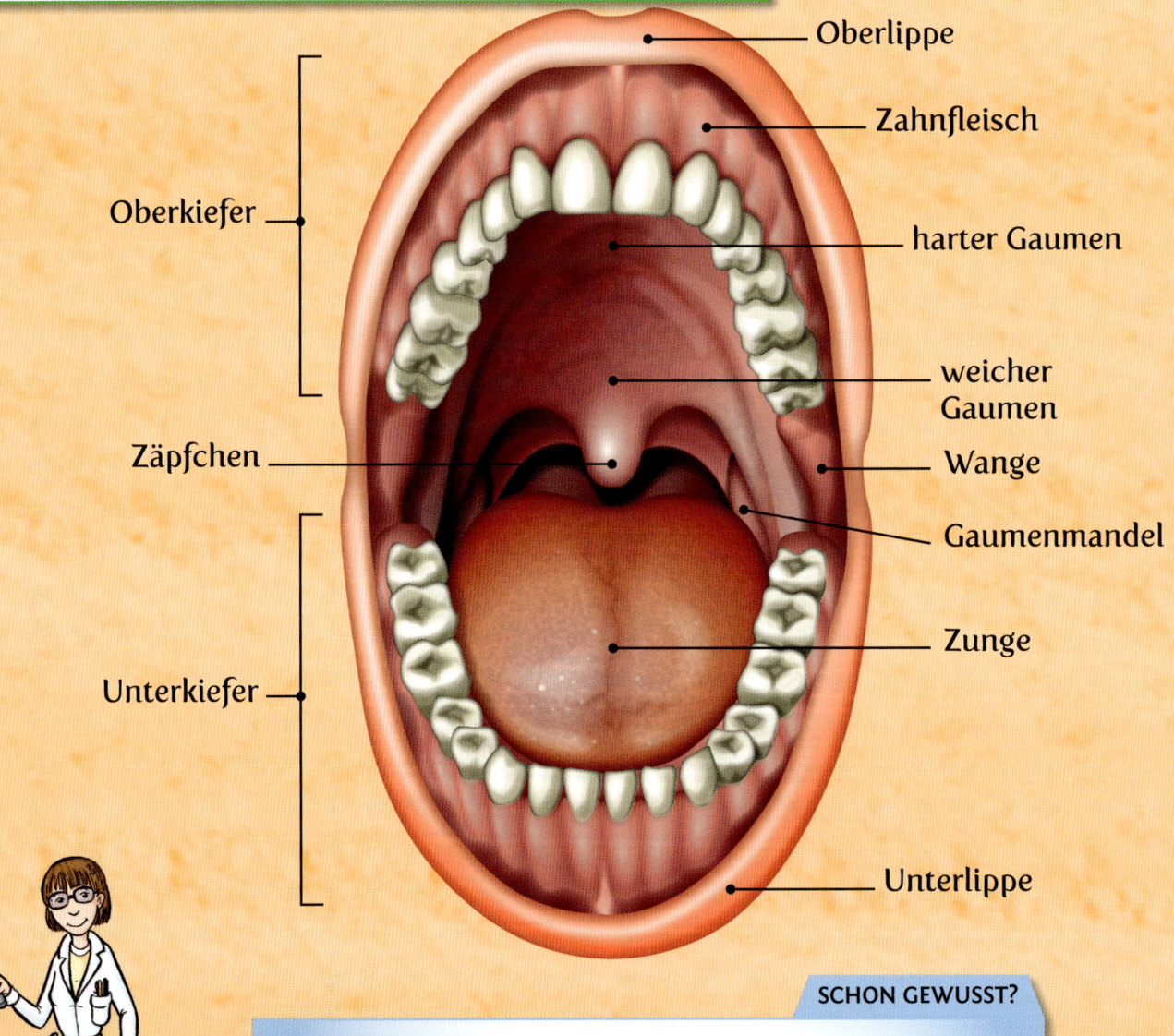

Oberkiefer

Zäpfchen

Unterkiefer

Oberlippe

Zahnfleisch

harter Gaumen

weicher Gaumen

Wange

Gaumenmandel

Zunge

Unterlippe

SCHON GEWUSST?

Schutzwall gegen Krankheitserreger

Hinten im Rachen siehst du bei weit geöffnetem Mund die beiden Gaumenmandeln. Zusammen mit der Rachenmandel, den Tubenmandeln und der Zungenmandel gehören sie zum sogenannten Waldeyerschen Rachenring. Dieser bildet einen Schutzwall gegen Krankheitserreger, die versuchen, durch die Nase und den Mund in den Körper einzudringen.

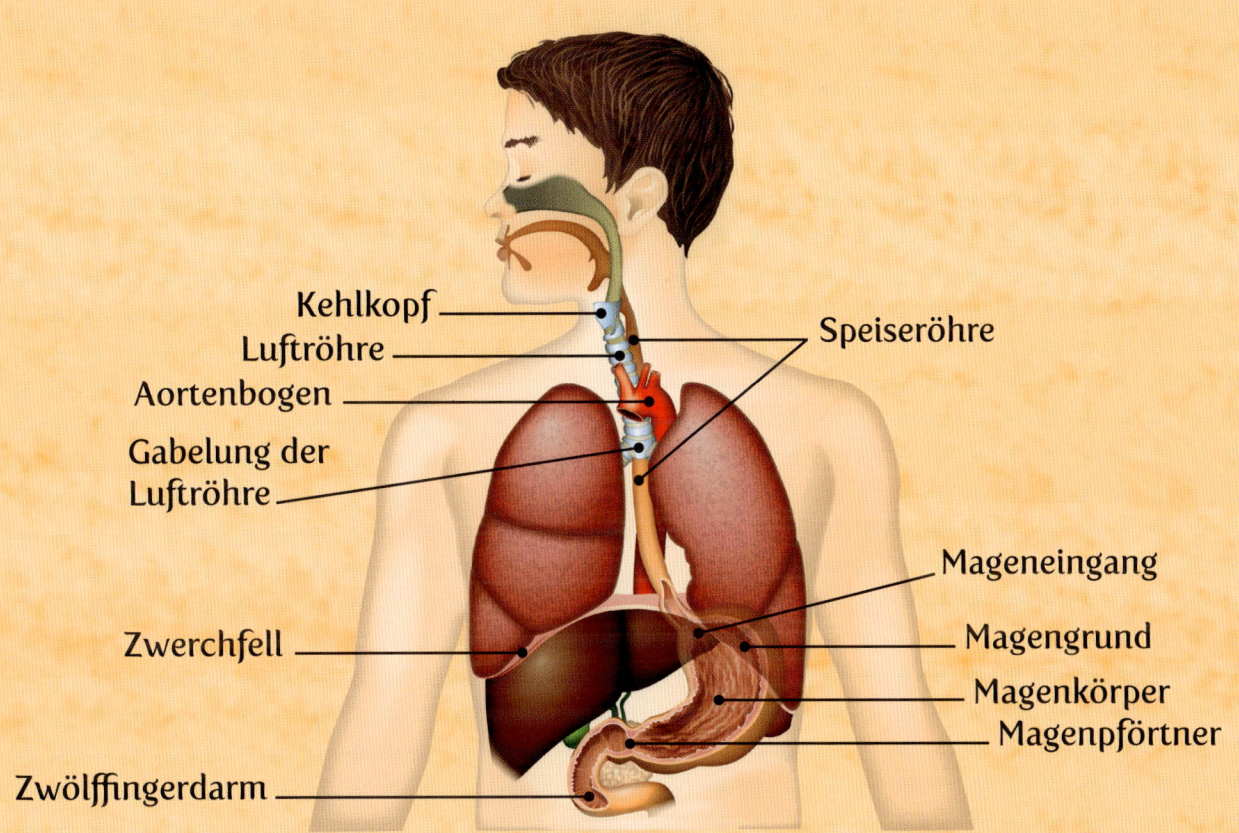

Kehlkopf
Luftröhre
Aortenbogen
Gabelung der
Luftröhre
Zwerchfell
Zwölffingerdarm

Speiseröhre

Mageneingang
Magengrund
Magenkörper
Magenpförtner

Über die Speiseröhre in den Magen

Die Speiseröhre ist ein beweglicher Muskelschlauch, der unseren Rachen mit dem Magen verbindet. Im Magen angekommen, wird die Nahrung mit Magensäften vermischt, die von unzähligen kleinen Verdauungsdrüsen abgesondert werden. Der Nahrungsbrei bleibt bis zu sechs Stunden in unserem Magen. Dabei wird alles immer wieder kräftig durchgeknetet. Der Magenausgang ist in dieser Zeit durch den Pförtner, einen ringförmigen Muskel, verschlossen. Er öffnet sich nur, wenn die Nahrung weiter in den Zwölffingerdarm transportiert wird.

Peristaltik

Speiseröhre

Schleimhaut

entspannte
Muskeln

angespannte
Muskeln

Speisebrei

Peristaltik

Damit dein Essen nach dem Schlucken im Magen ankommt, schieben die Muskeln der Speiseröhre den Nahrungsbrei in wellenförmigen Bewegungen weiter. Man nennt dies auch Peristaltik. Dank der Peristaltik können wir sogar im Kopfstand essen – die Nahrung bewegt sich auch entgegen der Schwerkraft zum Magen.

Woher kommen die Rülpser?

Beim Essen und Trinken schluckst du auch immer ein wenig Luft hinunter. Diese Luft sammelt sich im Magen und kommt nach einiger Zeit über den Mund wieder heraus. Sie steigt durch die Speiseröhre nach oben und muss auch an Kehlkopf und Rachen vorbei. Dabei entsteht das typische Rülpsgeräusch.

Viele Meter Darm

In Schlangenlinien durch den Darm

Aus dem Magen wird der dünnflüssige Speisebrei weiter in den Darm befördert. Der Darm eines Erwachsenen ist insgesamt etwa acht Meter lang. Damit er in unseren Bauch hineinpasst, läuft er in vielen Schlangenlinien hin und her. Im Dünndarm wird der Nahrungsbrei mit Verdauungssäften vermischt und in seine allerkleinsten Bestandteile zerlegt. Die Nährstoffe gelangen dann über die Darmwand in die Blutgefäße.

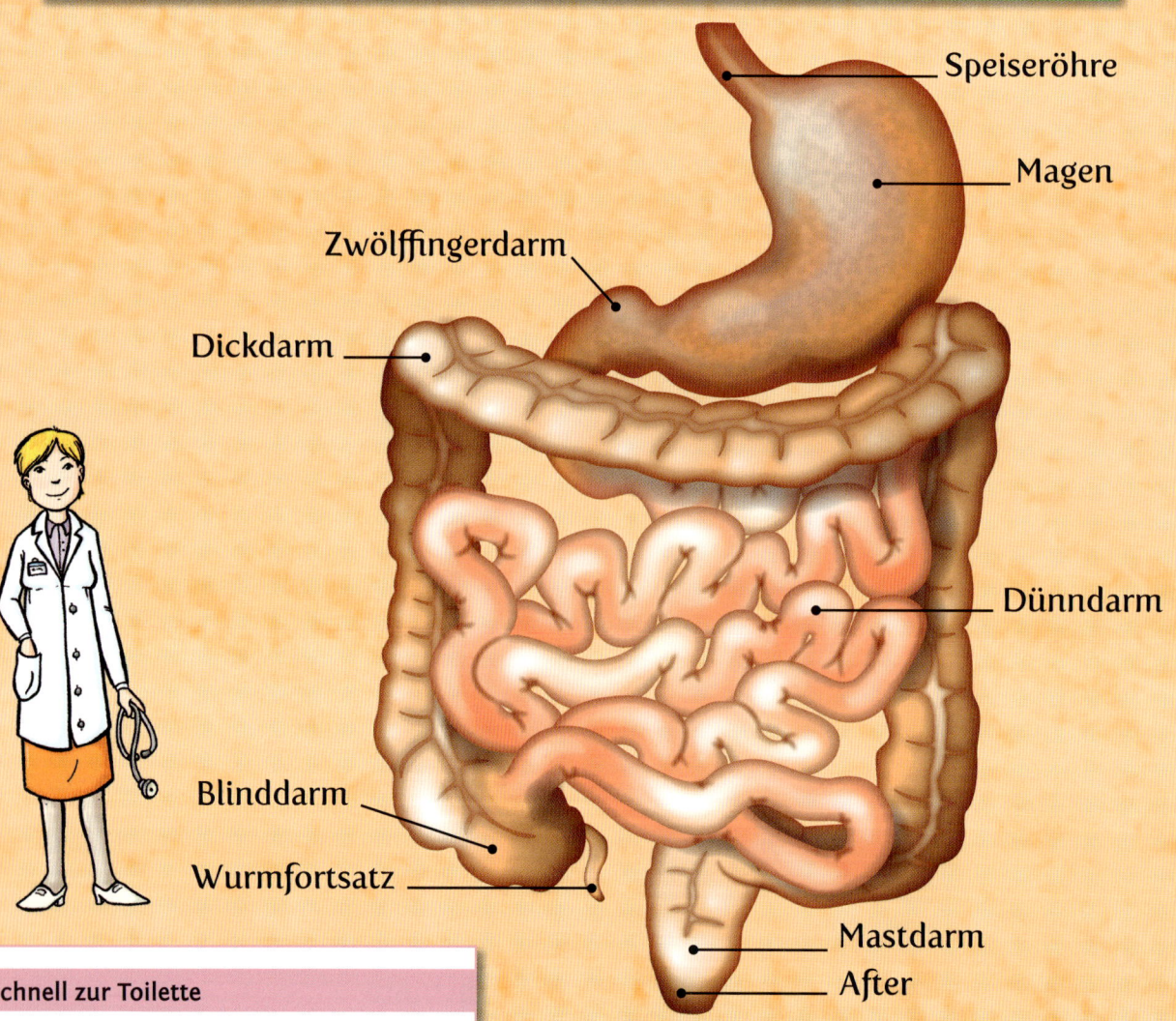

Speiseröhre

Magen

Zwölffingerdarm

Dickdarm

Dünndarm

Blinddarm

Wurmfortsatz

Mastdarm

After

Schnell zur Toilette

Im Dickdarm werden Wasser und alle wichtigen Stoffe, die noch gebraucht werden, in den Körper aufgenommen. So wird der Darminhalt immer weiter eingedickt. Außerdem helfen Darmbakterien bei der Verdauung der Speisereste. Der erste Teil des Dickdarms ist der Blinddarm, an dem der kleine Wurmfortsatz hängt. Das Ende des Dickdarms bildet der Mastdarm. Hier verbleiben die unverdaulichen Speisereste, auch Kot oder Stuhl genannt, bis sie nach einiger Zeit durch den After, also den Po-Schließmuskel, ausgeschieden werden.

WISSENSWERT!

Schmerzhafter Wurmfortsatz

Hast du schon von einer Blinddarmentzündung gehört? Sie beginnt mit Fieber und Erbrechen, dann kommen noch starke Bauchschmerzen dazu. Aber nicht der ganze Blinddarm hat sich entzündet, sondern nur der kleine Wurmfortsatz, der dann bei einer Operation entfernt werden muss.

Zotten und Krypten

Das Innere des Darms ist mit einer besonderen Schleimhaut ausgekleidet. Im Dünndarm besteht sie aus vielen Falten, die mit Millionen fingerförmigen Ausstülpungen, den sogenannten Zotten, übersät sind. Außerdem gibt es noch unzählige Vertiefungen, die Krypten. Durch die Zotten und Krypten wird die Schleimhautoberfläche im Dünndarm enorm groß, nämlich über 100 Quadratmeter. Über diese riesige Fläche können massenhaft Nährstoffe und Wasser aus dem Darm in die dahinter liegenden Blutgefäße aufgenommen werden.

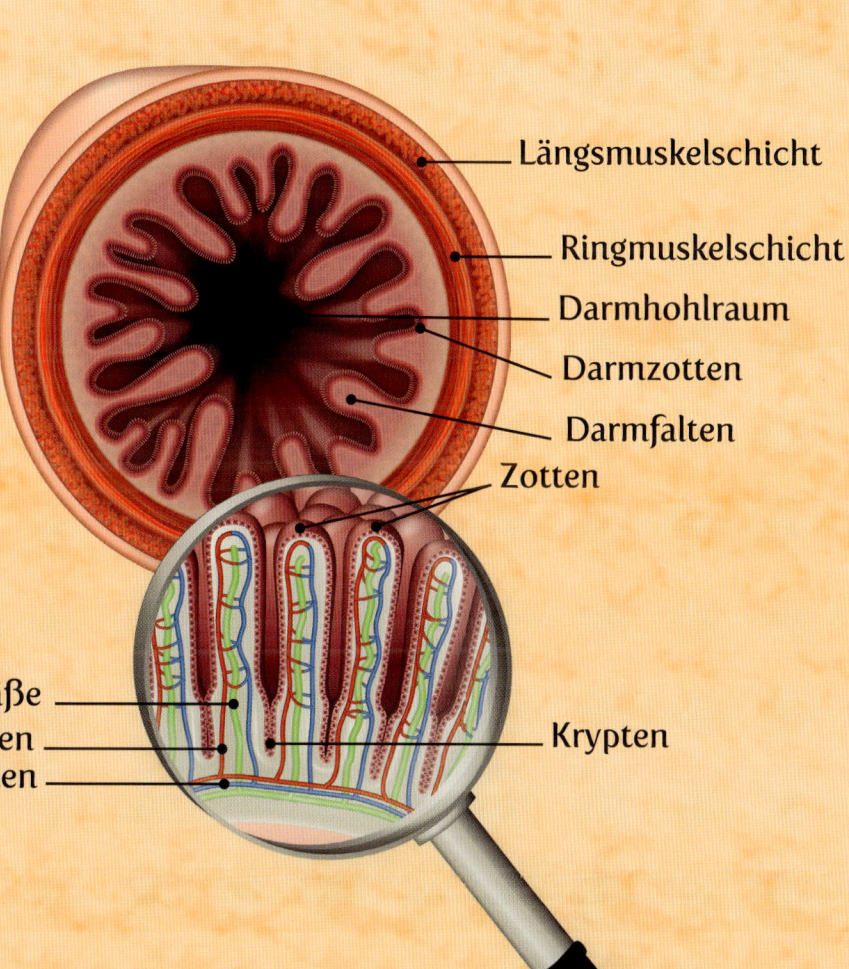

Längsmuskelschicht

Ringmuskelschicht

Darmhohlraum

Darmzotten

Darmfalten

Zotten

Lymphgefäße

Arterien

Venen

Krypten

Hilfe, Durchfall!

Gelangen Krankheitserreger in unseren Darm, können wir an einer Magen-Darm-Grippe erkranken. Heftige Bauchschmerzen und Durchfall sind die Folge. Der Körper verliert viel Wasser und wichtige Salze. Jetzt muss der Kranke genug trinken, sonst kann es gefährlich werden. Vorsicht, Durchfallerkrankungen sind sehr ansteckend!

SCHON GEWUSST?

Woher kommt der Pups?

Bei der Verarbeitung der Speisereste durch die Darmbakterien kommt es auch zur Bildung von Fäulnisgasen. Diese übel riechende Luft sammelt sich im Dickdarm und findet irgendwann ihren Weg über den After nach draußen. Manchmal passiert das ganz leise und hinterlässt nur einen stinkenden Geruch. Manchmal gibt es aber auch ein ganz schön lautes Geräusch – wie peinlich!

Alles über Leber, Bauchspeicheldrüse und Milz

Viel Arbeit für die Leber

Oben rechts in deinem Bauch, direkt unter dem Zwerchfell, liegt die größte Drüse des menschlichen Körpers – die Leber. Sie ist ein besonders gut durchblutetes Organ und wiegt bei einem Erwachsenen etwa zwei Kilogramm. Über die Pfortader wird das nährstoffreiche Blut vom Darm in die Leber geleitet. Hier nehmen die Leberzellen die lebenswichtigen Stoffe auf und verarbeiten diese weiter. Außerdem reinigt die Leber unser Blut ständig von Gift- und Schadstoffen, die sich sonst im Körper ansammeln und ihn vergiften würden.

Grünlich gefärbte Galle

Die Leber produziert täglich mehr als 500 Milliliter Gallensäuren, die wir für die Verarbeitung von Fetten in unserer Nahrung brauchen. Die Gallensäuren werden in der Gallenblase aufbewahrt, die wie ein birnenförmiger Sack aussieht. Sobald wir Essen zu uns nehmen, wird die Galle über den Gallenblasengang in den Dünndarm geleitet. Dort vermischt sie sich mit dem Speisebrei und hilft bei der weiteren Verdauung.

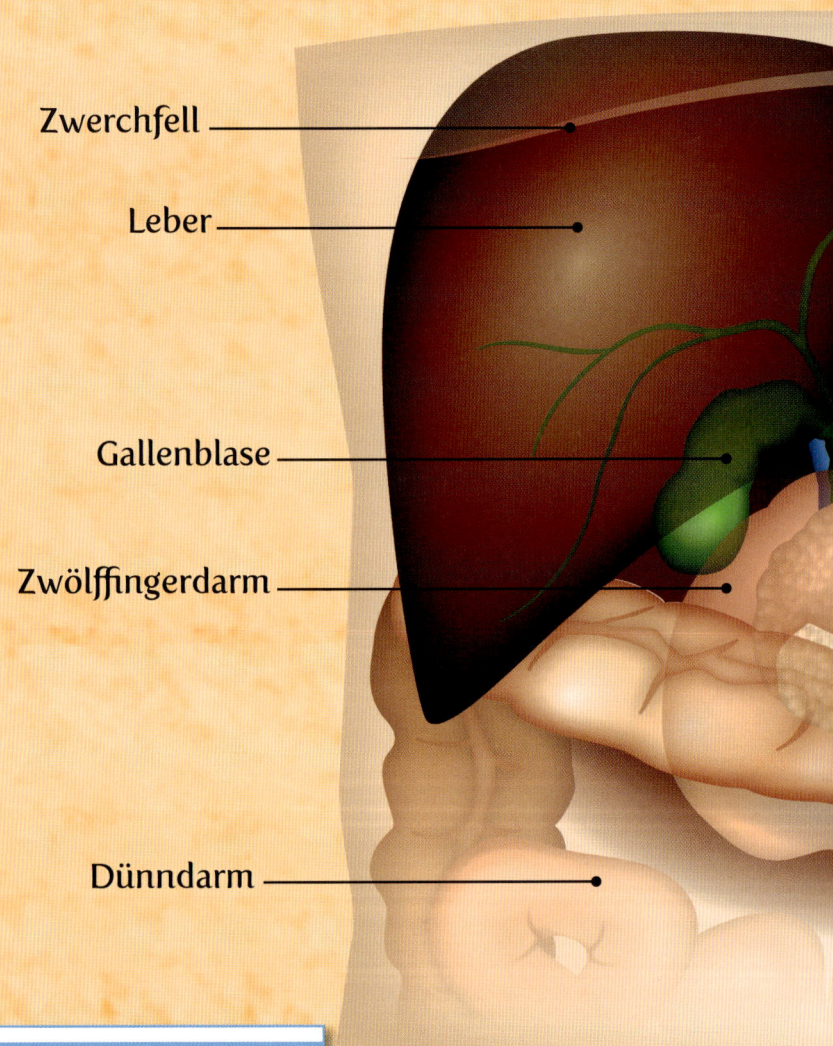

Zwerchfell

Leber

Gallenblase

Zwölffingerdarm

Dünndarm

Wichtiger Energiespeicher

Die Leber kann aber auch Nährstoffe, wie zum Beispiel Zucker, speichern. Wenn wir lange nichts gegessen haben oder uns sehr anstrengen müssen, setzt sie diese Energiereserven wieder frei. So werden unsere Körperzellen immer gut versorgt und wir können weiter Höchstleistungen bringen.

Magen

Milz

Bauchspeicheldrüse

Dickdarm

Hormone aus der Bauchspeicheldrüse

Die Bauchspeicheldrüse bildet eine Verdauungsflüssigkeit, die über einen kleinen Gang in den Zwölffingerdarm fließt. Diese spaltet Eiweiße, Fette, Stärke und Zucker im Nahrungsbrei auf und macht sie für unseren Körper verwertbar. Außerdem bildet die Bauchspeicheldrüse wichtige Hormone, die den Zuckerspiegel in unserem Blut steuern.

SCHON GEWUSST?

Zuckerkrankheit

Bei manchen Menschen bildet die Bauchspeicheldrüse zu wenig Hormone für die Einstellung des Blutzuckerspiegels. Nach dem Essen ist dann viel zu viel Zucker im Blut und nach dem Sport viel zu wenig. Diese heftigen Schwankungen des Zuckergehalts im Blut sind gefährlich! Wer an Zuckerkrankheit leidet, muss deshalb Medikamente einnehmen.

Augen auf!

Auf dem Kopf

Es ist schwer zu glauben! Das Bild, das von unserer Umwelt auf der Netzhaut abgebildet wird, steht auf dem Kopf. Erst im Gehirn wird das Bild wieder richtig herum gedreht. Und wir bekommen von dieser tollen Leistung gar nichts mit.

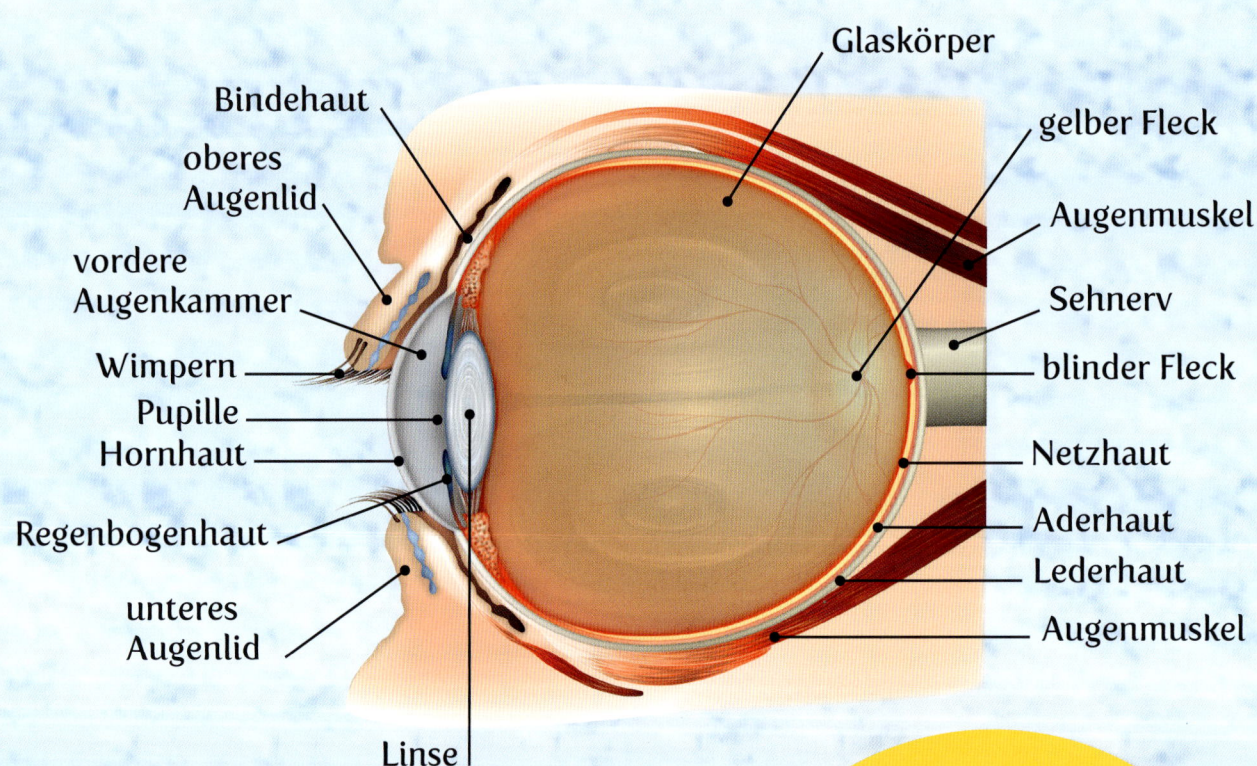

Glaskörper
Bindehaut
gelber Fleck
oberes Augenlid
Augenmuskel
vordere Augenkammer
Sehnerv
Wimpern
blinder Fleck
Pupille
Hornhaut
Netzhaut
Regenbogenhaut
Aderhaut
Lederhaut
unteres Augenlid
Augenmuskel
Linse

Der Aufbau des Auges

Das Licht fällt vorne durch die Hornhaut des Auges und gelangt so zum Sehloch. Dieses wird auch Pupille genannt und ist von der Regenbogenhaut umgeben. In der Regenbogenhaut, der Iris, sind Farbstoffe eingelagert, die unsere Augenfarbe bestimmen. Hinter der Pupille liegt die Linse. Sie bündelt das einfallende Licht auf die Netzhaut. Von hier gelangen die Signale über den Sehnerv zum Gehirn.

Der Sehsinn

Der Sehsinn ist der wichtigste Sinn für den Menschen. Die Augen versorgen uns mit einer Unmenge von Informationen, die dann im Gehirn weiterverarbeitet werden. Deshalb liegt der Augapfel sicher umschlossen in der knöchernen Augenhöhle. Zudem wird er noch von den Augenlidern und Wimpern vor grellem Licht und Schmutz geschützt. Die Tränenflüssigkeit hält das Auge feucht und bewahrt es vor dem Austrocknen. Der Augapfel wird von außen sitzenden Augenmuskeln in alle möglichen Richtungen bewegt.

Der Pupillenreflex

Ist dir schon einmal aufgefallen, dass deine Pupillen ihre Größe verändern können? Im hellen Licht ist das Sehloch ganz klein, in der Dämmerung groß. Dafür sind zwei Muskeln in der Regenbogenhaut verantwortlich. Sie regulieren, wie viel Licht ins Auge hineinfällt. Der Pupillenschließer ist ringförmig und verengt die Pupille. Der strahlenförmige Pupillenöffner weitet das Sehloch. Die Pupillengröße wird übrigens durch einen Reflex gesteuert, wir können diesen Vorgang nicht beeinflussen.

Pupille bei Helligkeit

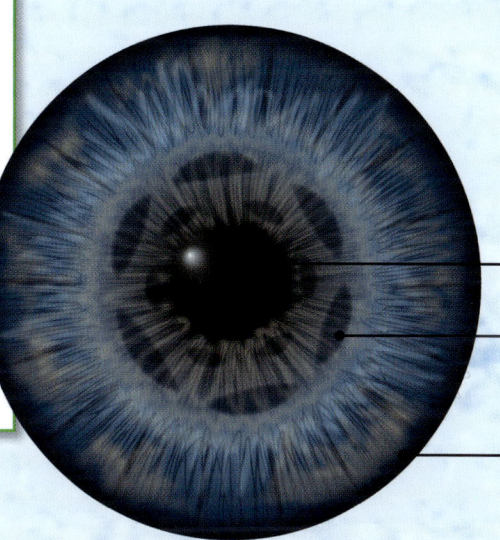

enge Pupille

Pupillenschließmuskel (ringförmig)

Regenbogenhaut

SCHON GEWUSST?

Gelber Fleck und blinder Fleck

Der gelbe Fleck in der Netzhaut ist die lichtempfindlichste Stelle und enthält die meisten Zapfen. Hier können wir am schärfsten sehen. Dort, wo der Sehnerv aus dem Augapfel austritt, liegt der blinde Fleck. In diesem winzigen Bereich fehlen alle Sinneszellen, deshalb sind wir dort blind.

Pupille bei Dunkelheit

Pupillenerweiterer (strahlenförmig)

weite Pupille

Regenbogenhaut

WISSENSWERT!

Stäbchen und Zapfen

In der Netzhaut befinden sich besondere Sinneszellen, die Stäbchen und die Zapfen. Die Stäbchen sind für das Schwarz-Weiß-Sehen zuständig und brauchen wenig Licht. Die Zapfen können nur bei ausreichend Helligkeit die verschiedenen Farben erkennen. In der Netzhaut des Menschen befinden sich etwa sechs Millionen Zapfen und 120 Millionen Stäbchen.

Riechen und schmecken

Neugeborene erkennen ihre Mutter am Geruch und können sie genau von fremden Personen unterscheiden. Außerdem findet das Baby durch den Duft der Muttermilch die Brust. Das ist wichtig für die Nahrungsaufnahme.

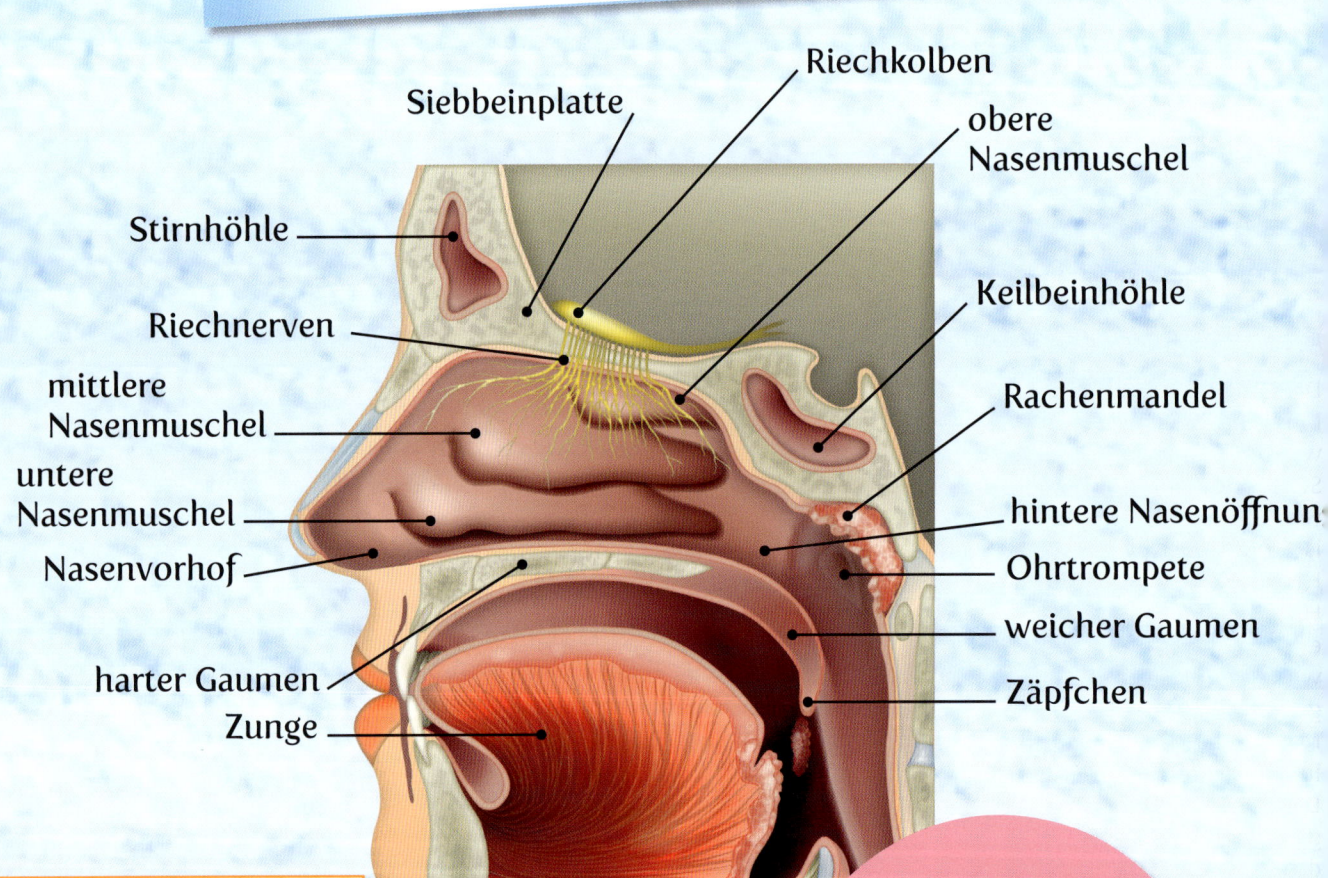

Siebbeinplatte

Riechkolben

obere Nasenmuschel

Stirnhöhle

Keilbeinhöhle

Riechnerven

Rachenmandel

mittlere Nasenmuschel

untere Nasenmuschel

hintere Nasenöffnun

Nasenvorhof

Ohrtrompete

weicher Gaumen

harter Gaumen

Zäpfchen

Zunge

Der Geruchs- und Geschmackssinn

Der Geruchs- und Geschmackssinn hängen eng miteinander zusammen. Sicherlich hast du selbst schon bemerkt, dass du mit Schnupfen kaum noch etwas schmeckst. Das liegt daran, dass du mit deinen Riechzellen in der Nase nicht nur Gerüche aus der Luft wahrnimmst, sondern auch Duftstoffe aus zerkauten Speisen in deine Nasenhöhle aufsteigen. Durch diese Zusammenarbeit kannst du verschiedenste Düfte und Geschmacksrichtungen unterscheiden und bemerkst schnell, was lecker, eklig oder vielleicht sogar schädlich für dich ist.

Aufbau der Nase

Durch die Nasenlöcher strömt beim Einatmen Luft in deine Nasenhöhle. Diese ist mit Schleimhaut ausgekleidet und verhindert durch Schleim und Flimmerhärchen, dass Dreck oder Insekten eindringen. Über der oberen der drei Nasenmuscheln befindet sich die Riechschleimhaut mit Millionen Sinneszellen. Die Geruchsinformationen werden über Riechnerven durch winzige Löcher in der Siebbeinplatte zur Riechbahn und von dort ins Gehirn weitergeleitet.

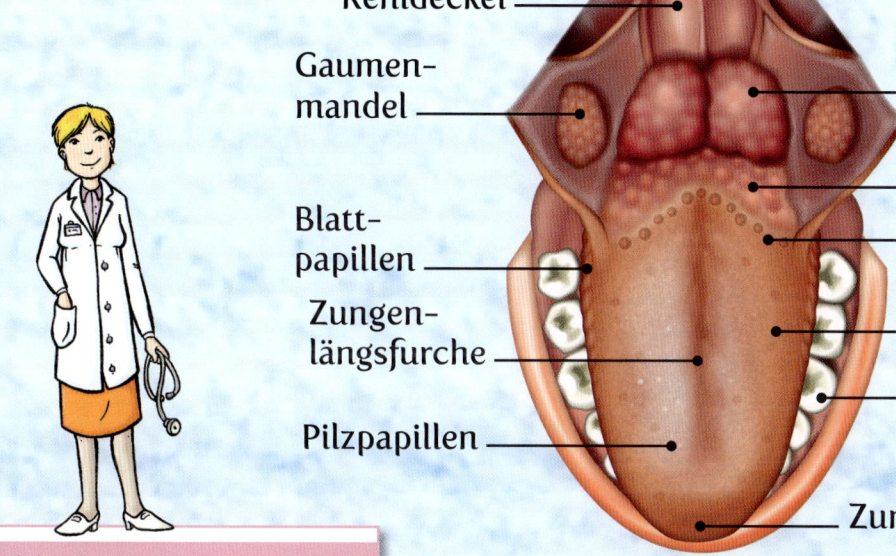

Kehldeckel

Gaumen-
mandel

Blatt-
papillen

Zungen-
längsfurche

Pilzpapillen

Zungenmandel

Zungengrund

Wallpapillen

Zungenrücken

Zähne

Zungenspitze

Auf der Zunge

Die Zunge besteht aus vielen Muskeln. Das macht sie sehr beweglich und spielt für das Kauen, Schlucken und Sprechen eine wichtige Rolle. Ihre Oberfläche ist mit Schleimhaut überzogen. Hier befinden sich viele winzige Höcker, die Papillen. Die meisten enthalten Geschmacksknospen, wie die Wallpapillen am Zungengrund, die Blattpapillen im hinteren Bereich und die Pilzpapillen im vorderen Bereich der Zunge. Die Fadenpapillen sind auf der ganzen Zunge verteilt. Sie rauen die Zungenoberfläche für den Nahrungstransport auf und sind für das Tastempfinden zuständig. Schmecken kann man mit ihnen allerdings nicht.

Geschmackssache

Auf der Zunge gibt es bestimmte Bereiche, die die verschiedenen Geschmacksrichtungen besonders gut erkennen können. Die Zungenspitze ist für den süßen und salzigen Geschmack sehr empfindlich, der Zungenrand für den sauren und der hinterste Bereich der Zunge für den bitteren Geschmack.

Geschmackszonen

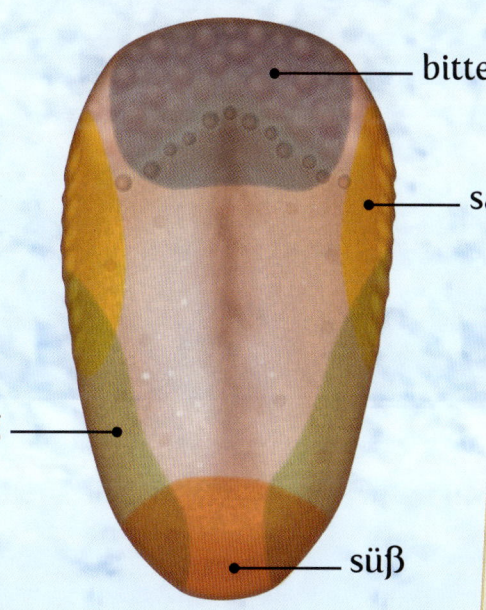

bitter

sauer

salzig

süß

VERRÜCKT!

Zungenroller

Kannst du deinen Zungenrand an den Seiten nach oben rollen? Probier's einmal aus! Diese Fähigkeit ist angeboren. Falls du es also nicht schaffst, brauchst du auch nicht zu üben. Es wird dir nicht gelingen. Aber Kopf hoch, es ist zum Glück völlig unwichtig!

Hören und fühlen

Der Hör- und Gleichgewichtssinn

Unser Ohr ist ein besonderes Sinnesorgan. Wir können mit ihm nicht nur hören, sondern es hilft uns auch, das Gleichgewicht zu halten. Von außen siehst du nur die Ohrmuschel und den Gehörgang. Sie nehmen die Schallwellen auf und leiten sie zum Trommelfell. Feine Härchen und Ohrenschmalz verhindern, dass Schmutz oder Insekten eindringen. Verborgen in unserem Schädelknochen befinden sich das Mittelohr und das Innenohr.

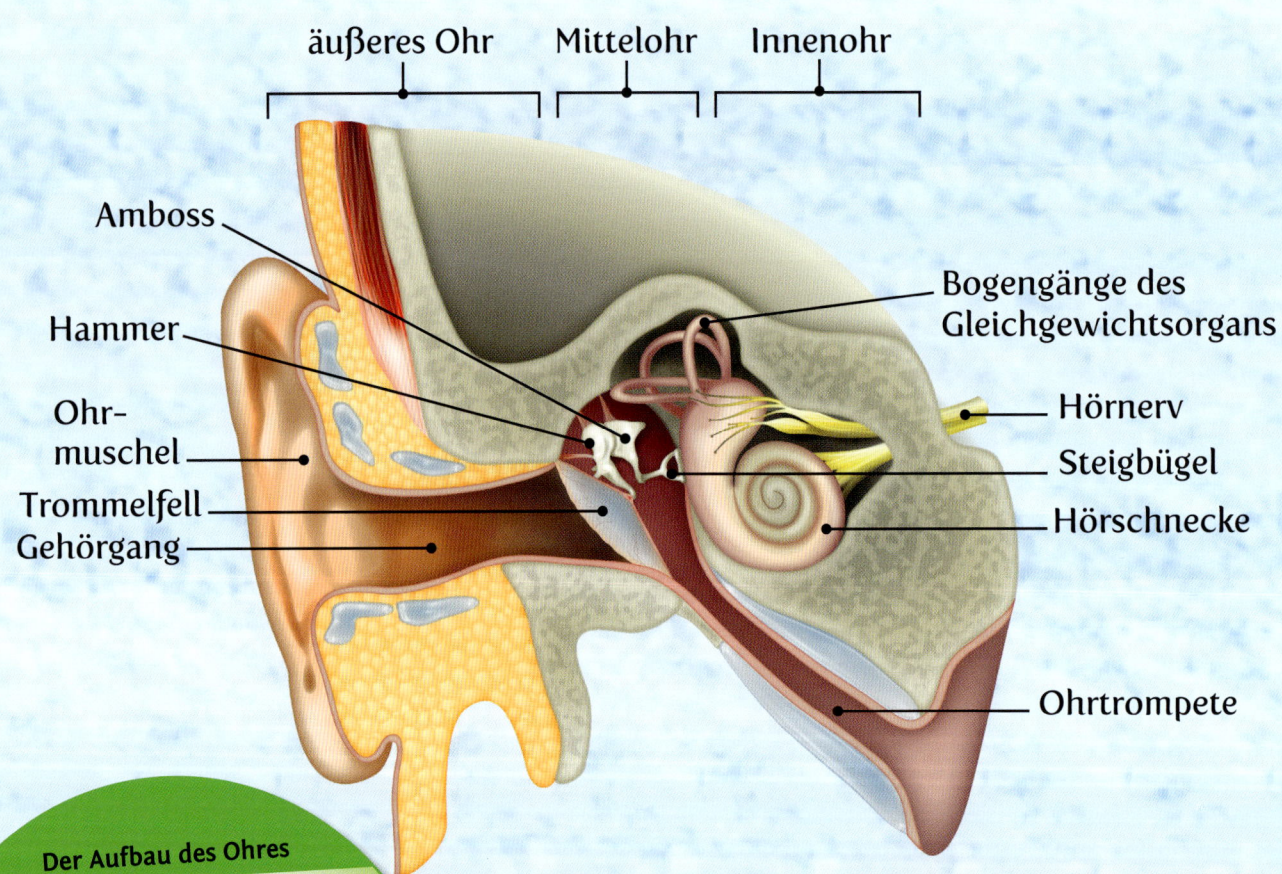

äußeres Ohr   Mittelohr   Innenohr

Amboss

Hammer

Ohrmuschel

Trommelfell

Gehörgang

Bogengänge des Gleichgewichtsorgans

Hörnerv

Steigbügel

Hörschnecke

Ohrtrompete

Der Aufbau des Ohres

Das Trommelfell wird durch Schallwellen zum Schwingen gebracht und überträgt diese Bewegung auf die Gehörknöchelchen im Mittelohr. Diese Knöchelchen sind nur wenige Millimeter groß und heißen – wegen ihres Aussehens – Hammer, Amboss und Steigbügel. Der Steigbügel ist der kleinste Knochen in unserem Körper. Er leitet die Schwingungen ins Innenohr zur sogenannten Schnecke. Hier sitzen besondere Sinneszellen, die die Signale wahrnehmen und über den Hörnerv zum Gehirn leiten.

Das Gleichgewichtsorgan

Im Innenohr befindet sich außerdem noch das Gleichgewichtsorgan. Es besteht aus zwei Säckchen und drei Bogengängen, die ständig Informationen über deine Haltung und Bewegungen an das Gehirn weitergeben. Zusätzlich senden auch Augen, Muskeln und Haut Signale an das Gehirn und helfen dir, im Gleichgewicht zu bleiben.

Der Tastsinn

Deine Haut ist ein besonders wichtiges Sinnesorgan. Du spürst durch sie jede Berührung. Natürlich bemerkst du auch, ob sich etwas warm, kalt oder schmerzhaft anfühlt. Bestimmte Teile deines Körpers sind besonders empfindlich, wie zum Beispiel deine Fingerkuppen oder die Lippen. Dein Rücken ist dagegen weniger feinfühlig. Das hängt davon ab, wie viele Tastkörperchen sich in diesen Bereichen deiner Haut befinden.

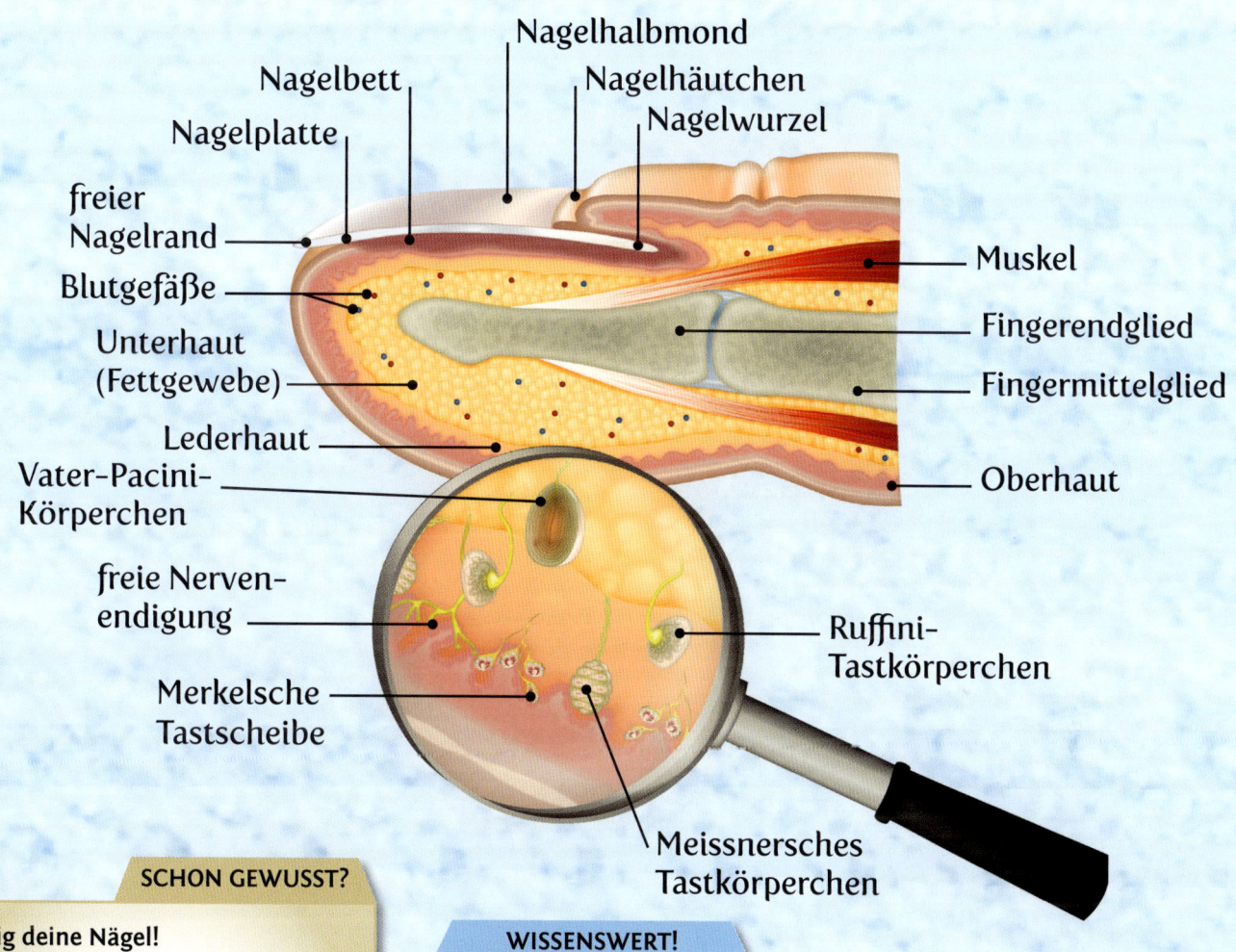

Nagelhalbmond
Nagelbett
Nagelhäutchen
Nagelwurzel
Nagelplatte
freier Nagelrand
Blutgefäße
Unterhaut (Fettgewebe)
Lederhaut
Vater-Pacini-Körperchen
freie Nervenendigung
Merkelsche Tastscheibe
Muskel
Fingerendglied
Fingermittelglied
Oberhaut
Ruffini-Tastkörperchen
Meissnersches Tastkörperchen

SCHON GEWUSST?

Zeig deine Nägel!

Die Nägel an Fingern und Zehen bestehen aus mehr als 100 Schichten übereinanderliegender Hornzellen. Sie schützen unsere Finger- und Zehenspitzen und sind für das Greifen von Gegenständen wichtig. Nägel wachsen etwa einen Millimeter im Monat.

WISSENSWERT!

Blindenschrift

Der feine Tastsinn der Fingerkuppen ist für blinde Menschen von großer Bedeutung. Sie benutzen nämlich eine ganz spezielle Blindenschrift. Jeder Buchstabe ist hier durch erhabene Punkte auf dem Papier dargestellt. Durch das Darüberfahren mit den Fingerkuppen können sehbehinderte Menschen die Wörter erkennen. Sie lesen also nicht mit den Augen, sondern mit den Fingern.

In der Fingerkuppe

Mit unserer Fingerkuppe können wir sogar kleinste Unebenheiten und Berührungen spüren, denn hier gibt es ganz besonders viele Tastkörperchen. Das Meissnersche Tastkörperchen und die Merkelsche Tastscheibe reagieren empfindlich auf Druckreize. Das Ruffini-Tastkörperchen wird durch Spannung und Dehnung der Haut gereizt, das Vater-Pacini-Körperchen durch Schwingungen. Zusätzlich nehmen freie Nervenendigungen noch Wärme, Kälte und Schmerzen wahr.

Das geht unter die Haut!

Dein größtes Organ

Das größte Organ deines Körpers ist die Haut. Sie bildet eine schützende Hülle, die Wasser und Keime abhält. Durch die Tastkörperchen spürt sie alle Arten von Berührungen. Außerdem hält sie die Körpertemperatur gleichmäßig, indem sie bei Hitze Schweiß absondert. Dieser verdunstet und kühlt dabei gleichzeitig den Körper ab. Aus der Haut wachsen Nägel und Haare.

Quer durch die Haut

Die Haut besteht aus drei Schichten. Die Unterhaut ganz innen isoliert den Körper mit ihrem Fettgewebe. Außerdem enthält sie große Gefäße und Nerven. Dann folgt die Lederhaut aus Bindegewebe. Hier findest du zahlreiche feine Blutgefäße, Schweiß- und Talgdrüsen. Darüber befindet sich die Oberhaut, die sich wiederum aus fünf verschiedenen Schichten zusammensetzt. Unten in der Oberhaut liegt die Basalzellschicht. Hier werden neue Hautzellen gebildet, die immer weiter nach oben geschoben werden und verhornen. Von der Hornzellschicht ganz außen schälen sich ständig tote Zellen ab und werden durch neue ersetzt.

Hautoberfläche

freie Nervenendigung

Hautpore

Meissnersches Tastkörperchen

Merkelsche Tastscheibe

Ruffini-Tastkörperchen

Bindegewebe

Vater-Pacini-Körperchen

Fettgewebe

Blutgefäße

Nerv

Schweißdrüse

WISSENSWERT!

Unsere Haut nimmt eine sehr große Oberfläche ein. Bei einem zehnjährigen Kind hat sie etwa die Größe von einem Quadratmeter, beim Erwachsenen misst sie sogar fast zwei Quadratmeter.

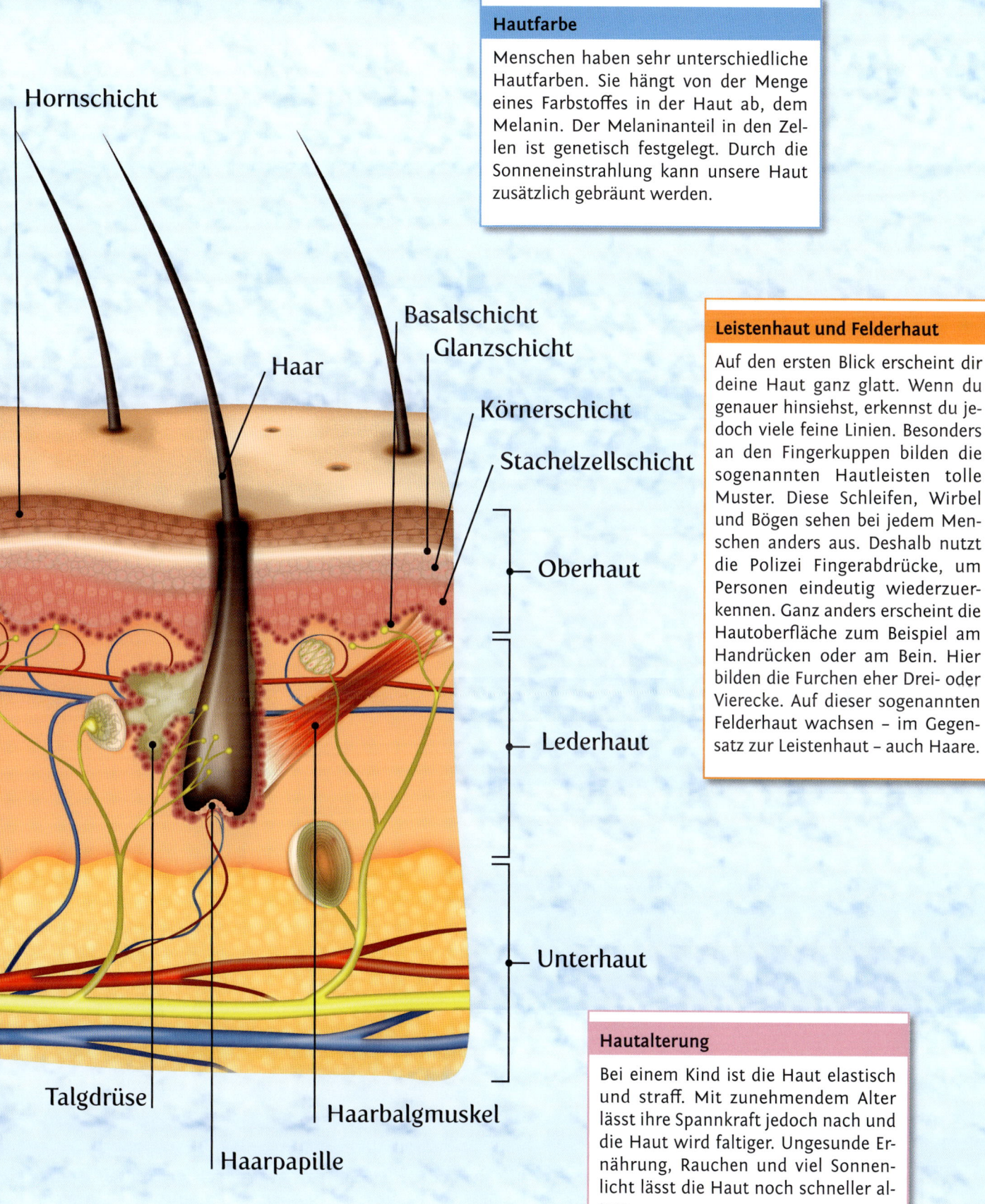

Hornschicht

Basalschicht
Glanzschicht

Haar

Körnerschicht

Stachelzellschicht

Oberhaut

Lederhaut

Unterhaut

Talgdrüse

Haarbalgmuskel

Haarpapille

Hautfarbe

Menschen haben sehr unterschiedliche Hautfarben. Sie hängt von der Menge eines Farbstoffes in der Haut ab, dem Melanin. Der Melaninanteil in den Zellen ist genetisch festgelegt. Durch die Sonneneinstrahlung kann unsere Haut zusätzlich gebräunt werden.

Leistenhaut und Felderhaut

Auf den ersten Blick erscheint dir deine Haut ganz glatt. Wenn du genauer hinsiehst, erkennst du jedoch viele feine Linien. Besonders an den Fingerkuppen bilden die sogenannten Hautleisten tolle Muster. Diese Schleifen, Wirbel und Bögen sehen bei jedem Menschen anders aus. Deshalb nutzt die Polizei Fingerabdrücke, um Personen eindeutig wiederzuerkennen. Ganz anders erscheint die Hautoberfläche zum Beispiel am Handrücken oder am Bein. Hier bilden die Furchen eher Drei- oder Vierecke. Auf dieser sogenannten Felderhaut wachsen – im Gegensatz zur Leistenhaut – auch Haare.

Hautalterung

Bei einem Kind ist die Haut elastisch und straff. Mit zunehmendem Alter lässt ihre Spannkraft jedoch nach und die Haut wird faltiger. Ungesunde Ernährung, Rauchen und viel Sonnenlicht lässt die Haut noch schneller altern.

Jetzt wird es haarig!

Schuppenschicht

Haarschaft

Haarmark

Haarrinde

Hornhaut

Oberhaut

Haarwurzel

Wurzelscheide

Talgdrüse

Lederhaut

Haarzwiebel

Haarpapille

Blutgefäße

Unterhaut

Von der Wurzel bis zur Spitze

In der Lederhaut befinden sich die Haarwurzeln. Aus ihnen wächst der Haarschaft heraus, der sich im Haarfollikel nach oben schiebt. In den Haarfollikel mündet die Talgdrüse, deren fettige Absonderung unsere Haut vor Krankheitserregern schützt. Die typische Haarfarbe eines Menschen entsteht durch den Farbstoff Melanin, der ins Haar eingebaut wird. Bei älteren Menschen enthält das Haar dagegen Luftbläschen. Deshalb wird es weiß.

Gänsehaut

Wenn du frierst oder dich gruselst, bekommst du eine Gänsehaut. Das liegt an winzigen Muskeln, die unsere Haare aufrichten. Da Urzeitmenschen noch ein Fell hatten, konnten so größere Mengen Luft zwischen den Haaren eingeschlossen werden, die als Wärmepolster dienten. Heute kann uns die spärliche Körperbehaarung zwar nicht mehr vor Kälte schützen. Die Gänsehaut ist uns als Erinnerung an unsere Vorfahren jedoch erhalten geblieben.

gerades Haar

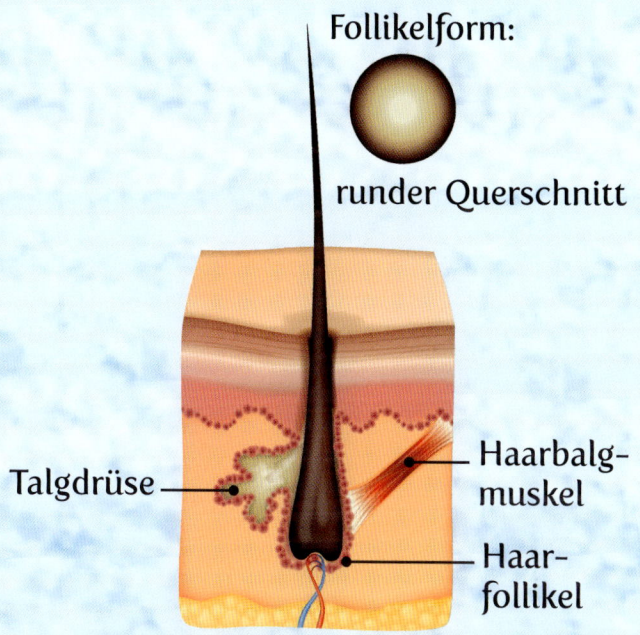

Follikelform:

runder Querschnitt

Talgdrüse

Haarbalgmuskel

Haarfollikel

Glatt oder lockig?

Es gibt sehr unterschiedliche Haarformen. Manche Menschen haben ganz glattes Haar, bei anderen ist es wellig, lockig oder gekraust. Aber woran liegt das? Schneidest du durch ein Haar, erkennst du unter dem Mikroskop verschiedene Haar-Querschnitte. Bei einem glatten Haar sieht der Querschnitt aus wie ein Kreis. Bei Wellen und großen Locken hat er eine ovale Form, bei krausem Haar ist es eine Ellipse.

welliges Haar

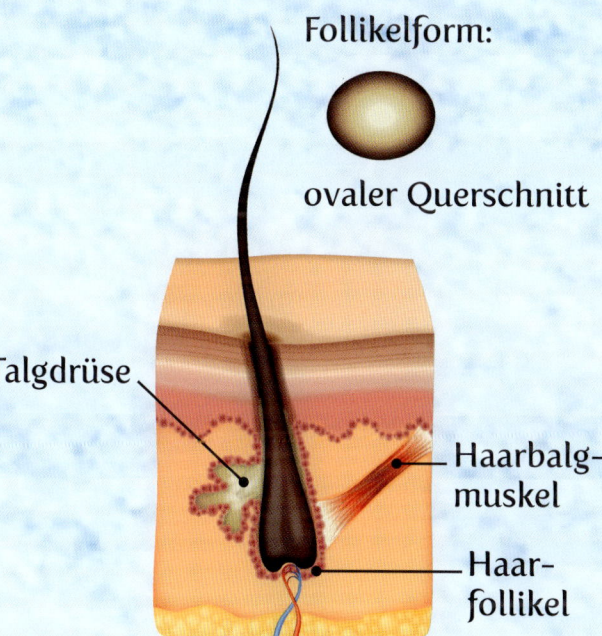

Follikelform:

ovaler Querschnitt

Talgdrüse

Haarbalgmuskel

Haarfollikel

krauses Haar

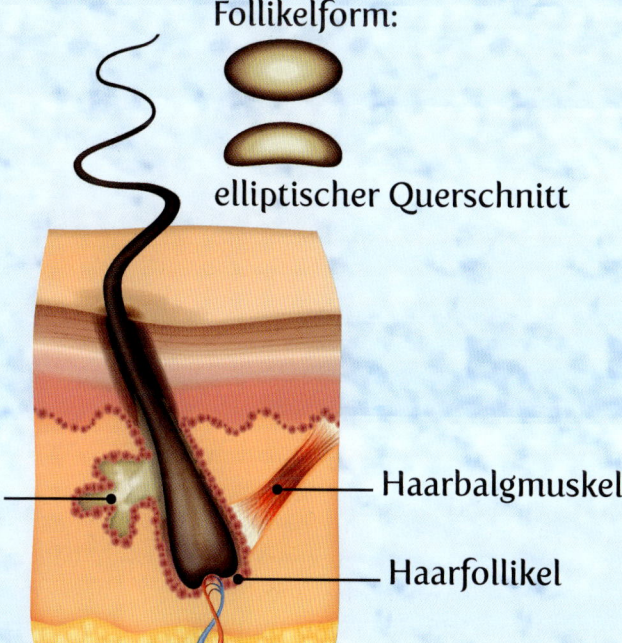

Follikelform:

elliptischer Querschnitt

Talgdrüse

Haarbalgmuskel

Haarfollikel

VERRÜCKT!

Kannst du dir das vorstellen: Wir tragen bis zu 150.000 Haare auf unserem Kopf. Menschen mit blonden Haaren haben die meisten Haare, Rothaarige dagegen die wenigsten. Bei solchen Mengen fällt es zum Glück nicht auf, dass uns pro Tag bis zu 100 Haare ausfallen. Unsere Haare wachsen in einem Monat ungefähr einen Zentimeter und können – wenn du sie nie abschneidest – mehrere Meter lang werden.

Der Weg des Harns

Unser Harnsystem

Die beiden Nieren liegen unterhalb des Brustkorbs rechts und links neben der Wirbelsäule. Sie regeln den Wassergehalt in unserem Körper und filtern Abfallstoffe aus dem Blut. Dabei bilden die Nieren den Harn, auch Urin genannt. Der Harn läuft über die beiden Harnleiter zur Harnblase. Die Blase ist ein dehnbarer Beutel, der durch einen Muskel fest verschlossen wird. Erst wenn wir auf die Toilette gehen, öffnet sich der Muskel. Die Blase zieht sich zusammen und der Urin läuft über die Harnröhre nach draußen.

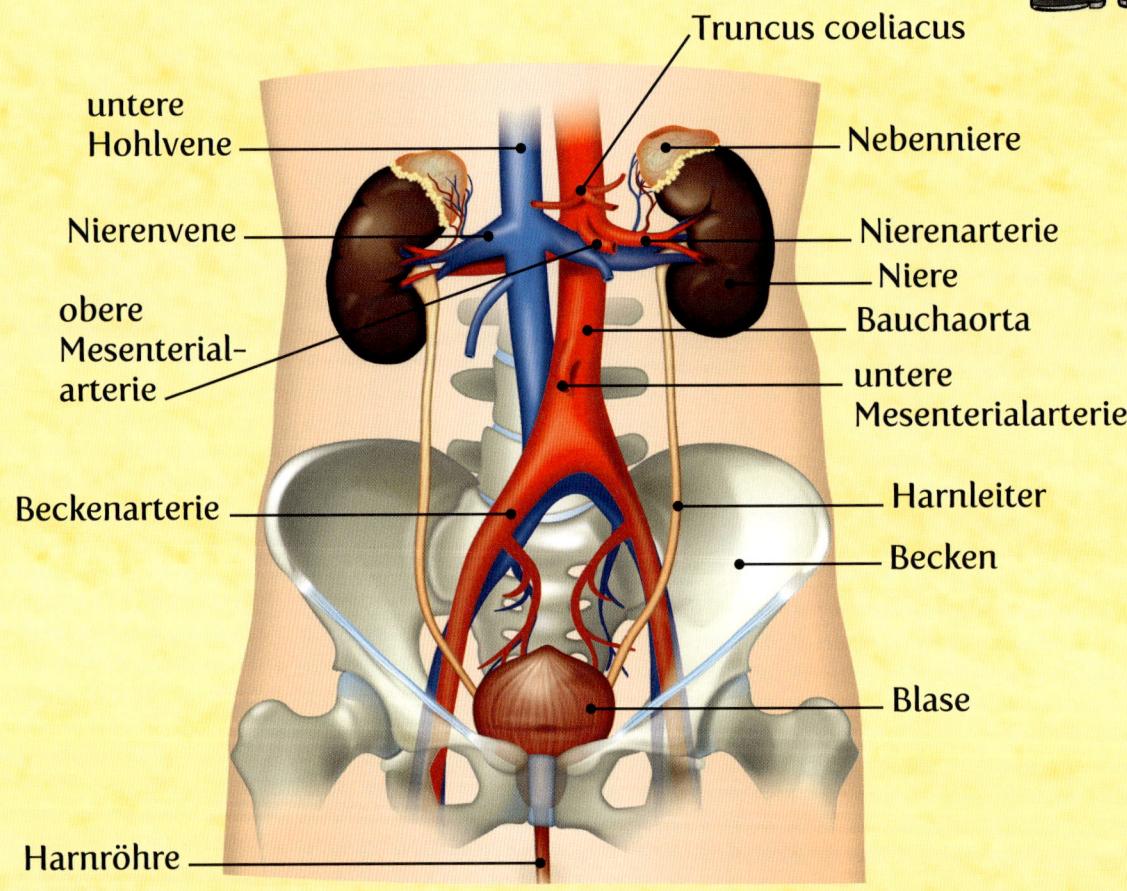

- Truncus coeliacus
- untere Hohlvene
- Nierenvene
- obere Mesenterialarterie
- Beckenarterie
- Harnröhre
- Nebenniere
- Nierenarterie
- Niere
- Bauchaorta
- untere Mesenterialarterie
- Harnleiter
- Becken
- Blase

Windel oder Toilette?

Kleine Kinder machen bis zum dritten Lebensjahr in die Windel. Das Gehirn ist am Anfang nämlich noch nicht in der Lage, zu erkennen, wann die Blase voll ist. Hat das Kind den Schließmuskel an der Blase und auch am Darm gut unter Kontrolle, braucht es tagsüber keine Windel mehr. Bis nachts alles trocken bleibt, kann es allerdings noch längere Zeit dauern.

SCHON GEWUSST?

Blasenentzündung

Manchmal passiert es, dass Keime über die Harnröhre nach oben in die Harnblase steigen. Dann kannst du eine schmerzhafte Blasenentzündung bekommen. Mädchen erkranken häufiger, da ihre Harnröhre kürzer ist als diejenige von Jungen.

Quer durch die Niere

Die Niere ist ein bohnenförmiges Organ, das außen von einer schützenden Kapsel umgeben ist. Sie besteht aus der Nierenrinde und dem Nierenmark. Jede Niere enthält unzählige kleinste Filtereinheiten, die Nephrone. Hier werden überschüssiges Wasser, Salze und Abfallstoffe aus dem Blut gefiltert und als Harn weiter zum Nierenbecken und in den Harnleiter befördert.

Nebennieren

Die Nebennieren sitzen direkt über den Nieren. Sie stellen verschiedene Hormone her, zum Beispiel das Adrenalin. Das ist ein Stresshormon, das bei Aufregung unseren Blutdruck steigen und unser Herz schneller schlagen lässt.

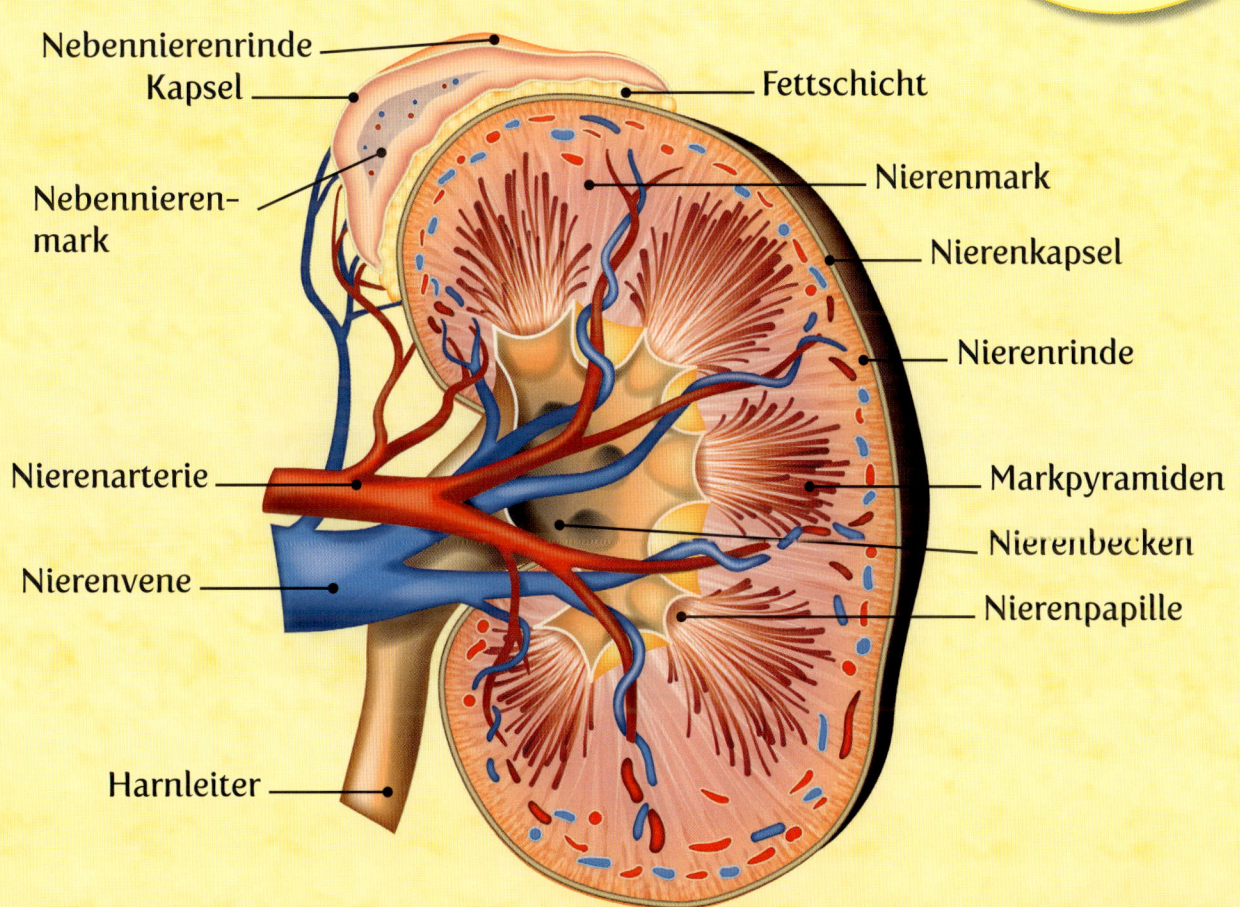

Nebennierenrinde
Kapsel
Nebennieren-mark
Nierenarterie
Nierenvene
Harnleiter

Fettschicht
Nierenmark
Nierenkapsel
Nierenrinde
Markpyramiden
Nierenbecken
Nierenpapille

SCHON GEWUSST?

Nierensteine

Im Harn bilden sich oft winzige Kristalle. Wenn du zu wenig trinkst, kann es passieren, dass sie nicht hinausgespült werden, sondern zu Steinen heranwachsen. Diese Nierensteine können heftige Schmerzen verursachen und müssen dann bei einer Operation entfernt werden.

WISSENSWERT!

Filteranlage Niere

Die Niere eines Erwachsenen filtert täglich bis zu 1500 Liter Blut. Das ist eine unvorstellbare Menge und die Nieren sind ununterbrochen im Einsatz. Dabei entstehen ungefähr 1,5 Liter Harn.

Die Reise der Spermien

Hoden und Nebenhoden

Die Hoden des Mannes sind zwei eiförmige Drüsen, die sich im Hodensack befinden. Mit dem Beginn der Geschlechtsreife werden hier die männlichen Keimzellen, die Spermien, gebildet. Sie entstehen in winzigen Gängen, den Samenkanälchen. Im Nebenhoden, der oben auf dem Hoden liegt, werden sie gespeichert und dann beim Geschlechtsverkehr über den Samenleiter in die Harnröhre ausgestoßen.

Mastdarm

Samenbläschen

Ejakulationsgang

Cowper-Drüse

Gesäß

After

Nebenhoden

Hoden

Hodensack

äußere Harnröhren-mündung

Prostata und Samenbläschen

Damit die Spermien auf ihrem Weg zur Eizelle länger überleben, schwimmen sie in einer Flüssigkeit, die von den Samenbläschen und der Prostata abgegeben wird. Diese Flüssigkeit ernährt die Spermien und hält sie beweglich. Die Prostata wird übrigens auch Vorsteherdrüse genannt. Sie ist etwa so groß wie eine Kastanie und liegt unterhalb der Harnblase.

Penis mit Schwellkörpern

Über die Harnröhre werden die Spermien nach außen befördert. Sie verläuft im Glied des Mannes, dem Penis. Beim Geschlechtsverkehr füllen sich die Schwellkörper im Penis mit Blut und werden dick. Das Glied wird steif und kann in die Scheide der Frau eingeführt werden, um den Samen hineinzuspritzen.

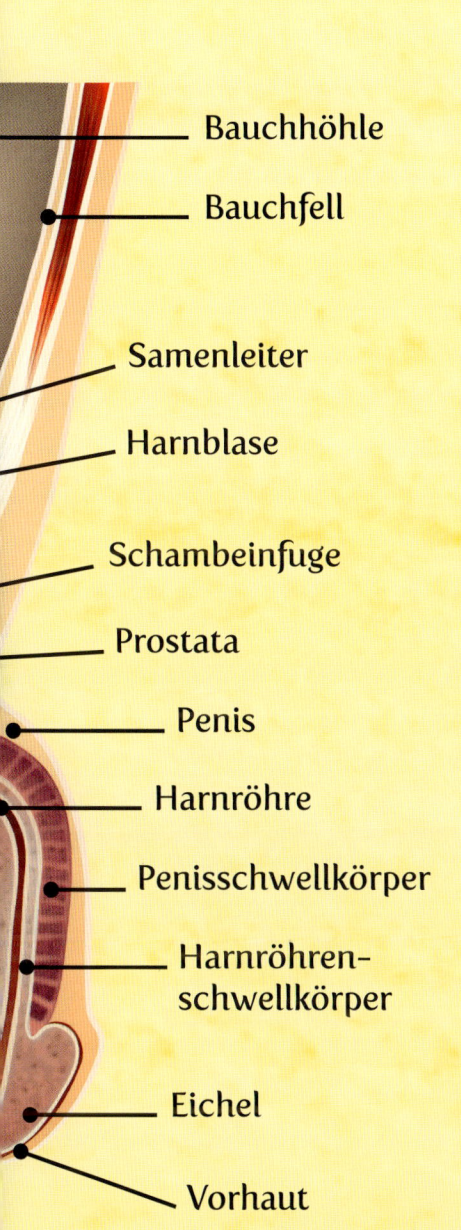

Bauchhöhle

Bauchfell

Samenleiter

Harnblase

Schambeinfuge

Prostata

Penis

Harnröhre

Penisschwellkörper

Harnröhren-
schwellkörper

Eichel

Vorhaut

Eichel und Vorhaut

Die Spitze des Penis wird Eichel genannt. Ganz vorne in der Eichel befindet sich die Harnröhrenöffnung, über die Urin und Samenflüssigkeit ausgeschieden werden. Die Vorhaut verdeckt die empfindliche Eichel und schützt sie.

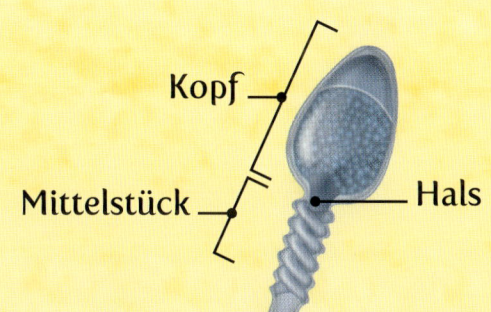

Kopf

Mittelstück

Hals

Hauptstück des
Schwanzfadens

Endstück des
Schwanzfadens

UNGLAUBLICH!

Mit Beginn der Geschlechtsreife werden in den Hoden bis zu 250 Millionen Spermien pro Tag produziert! So viele Spermien beginnen in der Scheide nach einem Samenerguss den Wettlauf um die Eizelle. Allerdings schaffen es bloß ein paar hundert von ihnen bis zur Gebärmutter und nur etwa 100 erreichen den Eileiter. Am Ende wird ein einziges Spermium der Sieger sein und mit der Eizelle verschmelzen.

Spermien

Spermien können sich selbstständig fortbewegen. An ihrem Kopf ist nämlich ein geißelartiger Schwanz befestigt, ähnlich wie bei einer Kaulquappe. So können sie nach dem Geschlechtsverkehr von der Scheide durch die Gebärmutter bis in den Eileiter schwimmen. Trifft ein Spermium dort auf eine Eizelle, verschmelzen sie. Das nennt man Befruchtung.

Wenn die Eizelle springt

Die Eierstöcke

Schon bei der Geburt eines Mädchens sind in den beiden Eierstöcken etwa 400.000 Eizellen vorhanden. Anfangs sind diese noch unreif. Erst mit der Geschlechtsreife des Mädchens wächst durch den Einfluss von Hormonen jeden Monat eine Eizelle heran. Sie befindet sich in einem Eibläschen, dem Follikel. Beim Eisprung platzt der Follikel und die Eizelle wandert durch den Eileiter in die Gebärmutter. Hat die Frau zu diesem Zeitpunkt Geschlechtsverkehr, kann die Eizelle durch ein Spermium befruchtet werden. Das befruchtete Ei nistet sich in der Gebärmutterschleimhaut ein und beginnt zu wachsen. Die Frau ist schwanger.

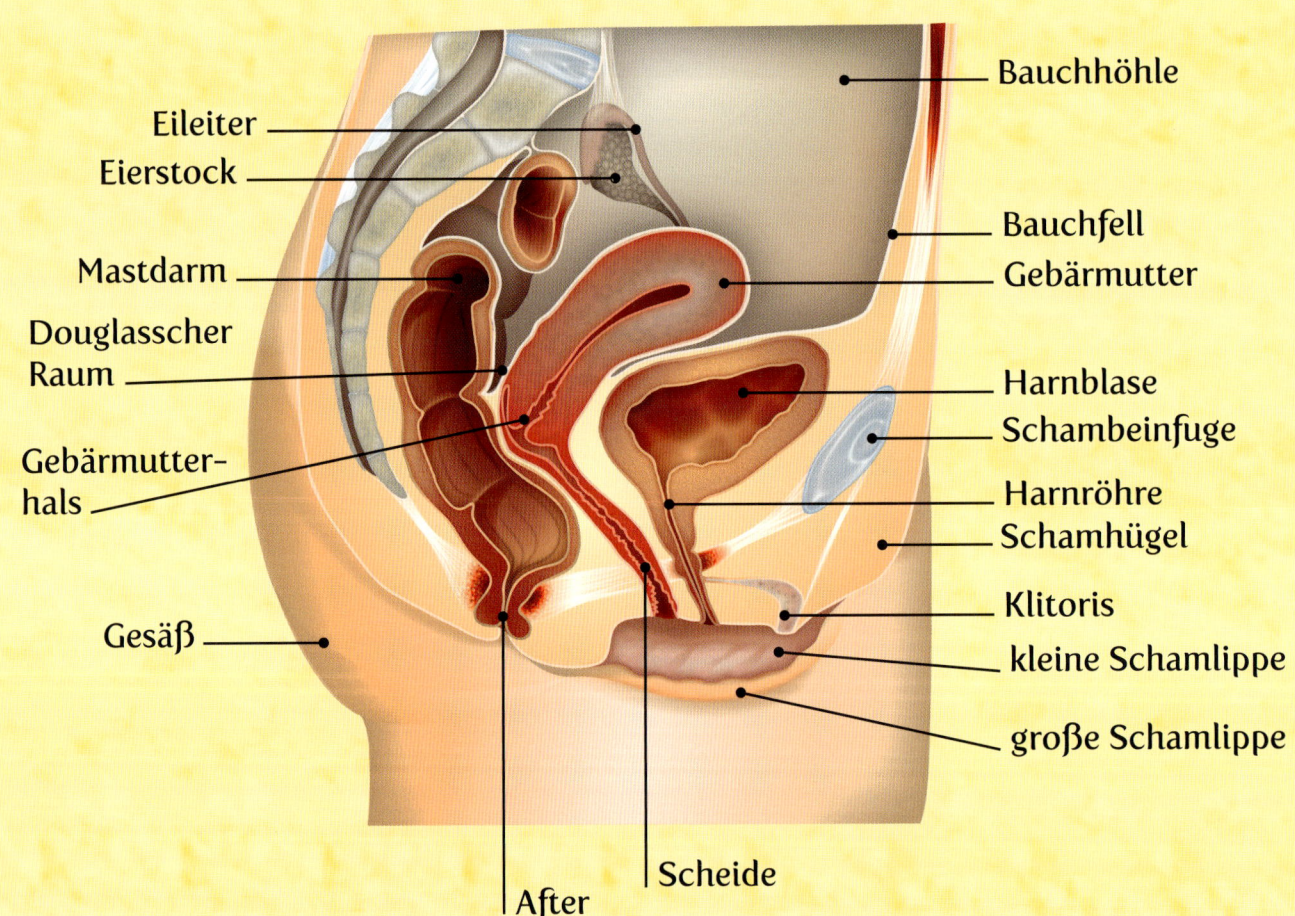

Eileiter
Eierstock
Mastdarm
Douglasscher Raum
Gebärmutter-hals
Gesäß
After
Scheide
Bauchhöhle
Bauchfell
Gebärmutter
Harnblase
Schambeinfuge
Harnröhre
Schamhügel
Klitoris
kleine Schamlippe
große Schamlippe

Die Gebärmutter

Die Wand der Gebärmutter besteht aus einer kräftigen Muskulatur und ist innen mit einer gut durchbluteten Schleimhaut ausgekleidet. Im Verlauf etwa eines Monats wächst die Schleimhaut und wird dicker, um eine befruchtete Eizelle aufzunehmen. Falls das Ei unbefruchtet bleibt, wird es gemeinsam mit der Gebärmutterschleimhaut abgestoßen und ausgeschieden. Die Frau hat ihre Monatsblutung, die Menstruation.

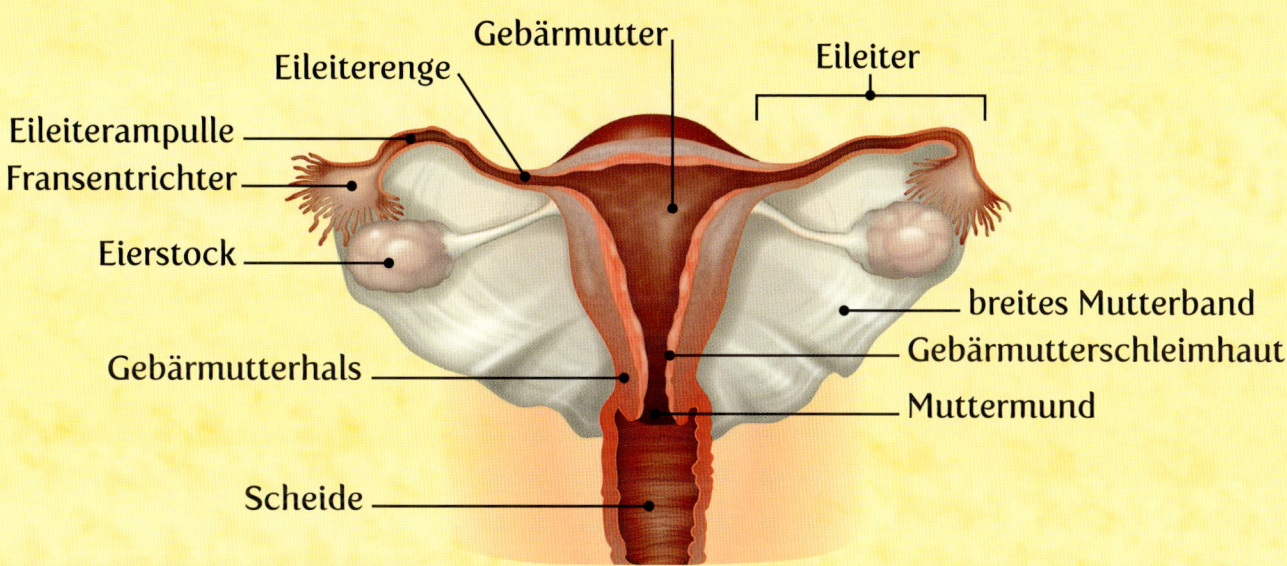

Gebärmutter
Eileiterenge
Eileiter
Eileiterampulle
Fransentrichter
Eierstock
breites Mutterband
Gebärmutterschleimhaut
Gebärmutterhals
Muttermund
Scheide

Die Scheide

Das untere Ende der Gebärmutter wird Gebärmutterhals genannt. Er ragt in die Scheide hinein. Die Scheide heißt auch Vagina. Sie ist ein schlauchförmiges Organ und führt von der Gebärmutter nach außen. Die Scheide hat zwei wichtige Aufgaben. Zum einen nimmt sie beim Geschlechtsverkehr die Spermien aus dem Penis des Mannes auf. Zum anderen wird bei der Geburt das Baby aus der Gebärmutter durch die Scheide herausgepresst. Die Scheidenöffnung wird von den kleinen und großen Schamlippen verdeckt.

SCHON GEWUSST?

Die Eizelle ist zwar die größte Zelle im menschlichen Körper, trotzdem kannst du sie mit bloßem Auge nicht sehen. Sie hat nur einen Durchmesser von etwa 0,1 bis 0,2 Millimeter und ist kleiner als der Punkt am Ende dieses Satzes.

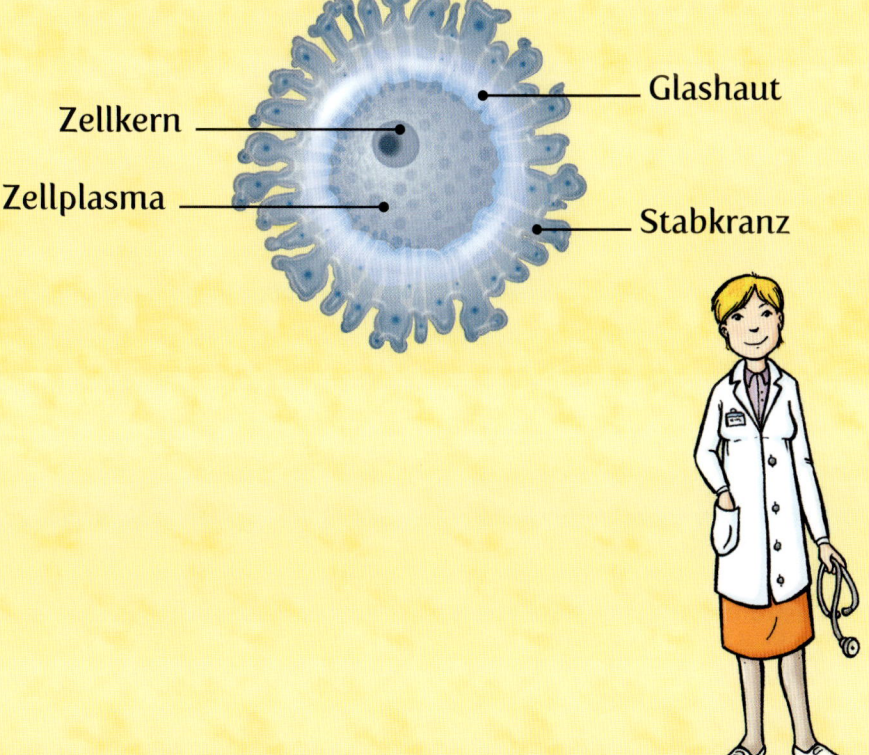

Zellkern
Glashaut
Zellplasma
Stabkranz

Die Eizelle

Die Eizelle ist die weibliche Keimzelle des Menschen. Während die Eizelle im Eierstock heranreift, verändert sie ihr Aussehen. Anfangs ist sie nur von einer flachen Zellschicht umgeben, später bilden sich um sie herum die Glashaut und der Stabkranz. Damit eine Eizelle befruchtet wird, muss der Kopf eines Spermiums diese äußeren Schichten durchdringen und mit ihr verschmelzen.

Glossar

Adrenalin ist ein Hormon, das bei Stress ins Blut ausgeschüttet wird. Es steigert den Herzschlag und den Blutdruck.

Alveolen sind die traubenförmig angeordneten Lungenbläschen. Hier wird der Sauerstoff aus der Atemluft ins Blut aufgenommen. Das Kohlendioxid wird umgekehrt aus dem Blut in die Lungenbläschen abgegeben.

Antigene sind Eiweißstoffe, die eine Abwehrreaktion im Körper auslösen können. Gegen Antigene werden Antikörper ausgebildet.

Antikörper werden gegen Antigene ausgebildet. Sie werden von den B-Lymphozyten produziert und schützen den Körper vor Krankheitserregern.

Aorta nennt man die Hauptschlagader unseres Körpers. Sie entspringt aus der linken Herzkammer und leitet das sauerstoffhaltige Blut weiter in unseren Körperkreislauf.

Arterien sind alle Blutgefäße, in welchen das Blut vom Herzen weg zu den Organen und Geweben fließt.

Axon nennt man den langen Fortsatz der Nervenzelle, der elektrische Signale vom Zellkörper wegleitet.

Bronchien und **Bronchiolen** leiten die Luft aus der Luftröhre weiter zu den Lungenbläschen.

Centromer heißt der Bereich, der die beiden Chromosomenhälften verbindet.

Chromatiden sind die beiden Chromosomenhälften. Sie bestehen aus einem kurzen und einem langen Arm.

Chromosomen befinden sich im Zellkern jeder menschlichen Zelle. Sie enthalten unsere Erbinformationen.

Dendrite heißen die kurzen Fortsätze der Nervenzellen. Sie nehmen Informationen von anderen Nervenzellen auf und leiten sie zum Zellkörper.

DNS ist die Abkürzung für Desoxyribonucleinsäure. Sie ist der Träger unserer Erbinformation.

Doppelhelix bedeutet so viel wie Doppelstrang. Unsere DNS ist in dieser Form aufgebaut.

Endoplasmatisches Retikulum nennt man ein weitverzweigtes Netzwerk aus Röhren im Zytoplasma. Dieses Zellorganell stellt Eiweißstoffe her.

Erythrozyten sind die roten Blutkörperchen. Mithilfe des roten Blutfarbstoffs transportieren sie den Sauerstoff.

Extremitäten nennt man unsere Gliedmaßen, also unsere Arme und Beine.

Follikel sind kugelige Eibläschen, die im Eierstock heranreifen.

Fontanellen sind die Lücken des kindlichen Kopfes. Sie befinden sich dort, wo die Schädelplatten noch nicht knöchern miteinander verwachsen sind.

Gene tragen Informationen über unser Erbgut. Sie beschreiben einen Abschnitt des DNS-Doppelstrangs, der bestimmte genetische Informationen enthält.

Golgi-Apparat nennt man ein Zellorganell, das Eiweißstoffe umbaut, verpackt und anschließend aus der Zelle schleust.

Granulozyten machen den Großteil der weißen Blutkörperchen aus. Sie bekämpfen Krankheitserreger wie Bakterien oder Pilze.

Hämoglobin heißt der rote Blutfarbstoff in unseren roten Blutkörperchen, der den Sauerstofftransport in unserem Körper ermöglicht.

Iris nennt man die Regenbogenhaut. Sie reguliert den Lichteinfall in unser Auge. Farbstoffe in der Iris sind verantwortlich für unsere Augenfarbe.

Kohlendioxid ist das Abfallprodukt, das bei der Energiegewinnung in der Zelle entsteht. Es wird bei der Ausatmung wieder an die Luft abgegeben.

Krypten vergrößern die Oberfläche der Darmschleimhaut. Es handelt sich hier um kleine schlauchförmige Vertiefungen.

Leukozyten, auch weiße Blutkörperchen genannt, wehren Krankheitserreger ab, die in unseren Körper eindringen.

Liquor ist die Flüssigkeit, die unser Gehirn und Rückenmark umgibt. Diese klare Flüssigkeit schützt unser Gehirn wie ein Puffer.

Lymphozyten gehören zu den weißen Blutkörperchen. B-Lymphozyten können Antikörper gegen fremde Antigene herstellen und so unseren Körper schützen.

Melanin ist ein Farbstoff in unserem Körper, der unsere Haut- und Haarfarbe bestimmt.

Menstruation ist die Blutung aus der Gebärmutter. Sie wiederholt sich etwa alle 28 Tage. Nistet sich ein befruchtetes Ei in die Gebärmutterschleimhaut ein, bleibt die Menstruation aus.

Mikroskop heißt übersetzt „Kleines betrachten". Dieses Gerät ermöglicht es uns, winzige Zellen, Bakterien oder Pilze zu untersuchen, die für das menschliche Auge allein nicht sichtbar sind.

Mitochondrien sind die Kraftwerke der Zellen. Diese Zellorganellen sind für die Energiegewinnung zuständig.

Monozyten sind Fresszellen und gehören zur Gruppe der weißen Blutkörperchen.

Nephron heißt die kleinste Filtereinheit der Niere. Es entzieht dem Blut Wasser und Abfallprodukte.

Neuron ist das lateinische Wort für Nervenzelle. Es nimmt Erregungen von anderen Zellen auf, verarbeitet diese und leitet sie weiter.

Osteone sind die kleinsten Einheiten in der äußeren Knochenschicht. Sie bestehen aus einem Kanal mit Gefäßen und Nerven, der außen von feinen Knochenblättchen umgeben ist.

Penis ist die Bezeichnung für das männliche Glied.

Peristaltik sind die wellenförmigen Bewegungen der Muskulatur von Speiseröhre und Darm, um den Speisebrei weiterzuschieben.

Phosphate sind besondere Salze, die wichtig für den Knochenaufbau sind. Sie sind auch ein Bestandteil der DNS-Doppelhelix.

Plazenta ist der lateinische Name für Mutterkuchen. Die Plazenta versorgt das ungeborene Kind mit Nährstoffen und Sauerstoff und entsorgt Abfallprodukte.

Prostata oder Vorsteherdrüse wird die männliche Geschlechtsdrüse unter der Harnblase genannt, die einen Teil der Samenflüssigkeit herstellt.

Ribosomen sind kleine, rundliche Zellorganellen, die an der Herstellung von Eiweißstoffen beteiligt sind.

Spermien sind die männlichen Keimzellen. Sie können sich eigenständig bewegen und dienen der Befruchtung der weiblichen Eizelle.

Spongiosa bedeutet Schwamm und beschreibt den Innenraum der Knochen, der aus feinen Knochenbälkchen besteht.

Stethoskop nennt man das Instrument, das der Arzt benutzt, um Herz und Lungen abzuhören.

Synapse ist die Kontaktstelle zwischen zwei Nervenzellen, an der Erregungen übertragen werden.

Thrombozyten sind die Blutplättchen. Sie sind wichtig für die Blutgerinnung und den Wundverschluss.

Urin, auch Harn genannt, entsteht als Abfallprodukt in der Niere und wird über die Harnwege nach außen geleitet.

Vagina ist die Bezeichnung für die weibliche Scheide.

Venen und die kleineren Venolen sind Blutgefäße, die das Blut aus den Organen und Geweben zum Herzen zurückführen.

Zellmembran nennt man das dünne Häutchen, das die Zelle umgibt und von ihrer Umwelt abgrenzt.

Zotten sind kleine fingerförmige Ausstülpungen der Dünndarmschleimhaut. Sie vergrößern die Darmoberfläche, damit möglichst viele Nährstoffe ins Blut aufgenommen werden können.

Zytoplasma heißt der flüssige Teil des Blutes. Darin schwimmen die Blutkörperchen.

Register